작가의 고유의 글맛을 살리기 위해
한글 맞춤법에 맞지 않는
일부 표현을 수정하지 않았습니다

일잘러가 되는 문제해결 길잡이
멈춤 없는 실행력

"당신도 S급 인재가 될 수 있다!"

일잘러가 되는 문제해결 길잡이

멈춤 없는 실행력

이봉우 지음

마음세상

일잘러 따라잡기	12
두려워하지 말고 앞으로 나아가라	15
멈춤없는 움직임이 문제를 해결한다	25

STEP I. 준비

왜 일이 안 되는 거야!

1.1 실행하지 못하는 이유

- 다양한 선택지 — 34
- 완벽주의자 — 37
- 실패 두려움 — 42
- 착한 사람병 — 45
- 중간 선호자 — 49
- 평화주의자 — 53

1.2 문제가 해결되지 않는 이유

- 생각만 한다 — 59
- 노력이 없다 — 62
- 해결 방법을 모른다 — 65
- 상호 협력이 없다 — 68

STEP II. 실행

하다보니 해결기미가 보인다

2.1 문제 해결 중심 실행하기

- 준비하면 빨라진다   76
- 병행처리하면 빨라진다   79
- 에코시스템을 확보하라   82
- 체력을 키우자   85
- 기본 자세 유지하기   89
- 결심하라 그리고 실행하라   92
- 기업가 정신 : 죽기 살기로 실행하라   95
- 긍정적으로 좋은 것만 생각하기   98

2.2 빨리 움직이기

- 벤치마킹 : 비교하라   104
- 유일한 해결방법 : 시행착오   107
- 듣고 이해하고 지시해라   110
- 생각하고 행동에 옮겨라   112
- 꼭 집어서 이야기 해라   115
- 어찌됐든 앞으로 가게 해라   118
- 실행하라 : 앞뒤가 똑같다   120

STEP III. 유지

다시 뒤돌아보니 조금 아쉽네

3.1 초심을 잃지 않기

- 문제의 근원 : 학습 / 실천 부족   128
- 자기 성공담을 이야기하라   131
- 앞뒤 보지 마라   134
- 가끔은 정신이 없어야 한다   137
- 실행에 의미를 부여하라   140
- 빠르게 집중해서 실행하라   143
- 나침반이 있으면 좋다   146
- 목표와 계획을 공유하라   149
- 끝까지 끌고가라   152
- 결과는 끝에 나온다   155
- 그냥 하는 거다   158

3.2 기회도 방치하면 위기가 된다

- 위험관리 : 손해를 줄여라　　　　　　　　　　164
- 변화관리 : 점검하고 튜닝하라　　　　　　　　166
- 뒤돌아보기 : 베이스라인 올려라　　　　　　　169
- 신념 : 끝까지 버텨라　　　　　　　　　　　　172
- 악인적인 사고 : 냉정하게 협상하라　　　　　175
- 셀프만족 : 자신감 가져라　　　　　　　　　　178
- 전화위복의 기회 : 부작용을 이겨라　　　　　181
- 논리적 사고 : 산수를 해라　　　　　　　　　184
- 돌파력 : 막히면 뚫어라　　　　　　　　　　　187
- 실패를 두려워하지 마라　　　　　　　　　　　190

STEP IV. 보완

문제가 해결되는 기분

4.1 고품질 성과 만들기

- 싫어도 피드백 하라   198
- 철저하게 점검하라   201
- 성과의 질을 높여라   204
- 부족했던 것에 집중해라   207

4.2 지속할 힘 키우기

- 일근육 : 손과 발이 기억하게 하라   212
- 철저히 반성하고 개선하라   215
- 실전처럼 연습하라   217
- 끝까지 독해져라   220
- 보완하고 감사하라   223

맺음말   멈춤 없는 실행력으로 돌파하라   226

일잘러 따라잡기

"출근할 때 퇴근을 생각하며."

"금요일이 가장 좋고, 일요일이 가장 싫다."

"오늘만 버텨보자."

"오대수(오늘만 대충 수습하자) 마인드."

"정답이라도 있으면 좋을 텐데."

하루에도 여러 번 드는 생각입니다. 오늘만 대충 넘기고 있지 않나요? 출근이 두렵고, 자신만 일을 못하는 것 같은데, 동료들은 자기 일일 그럭저럭 잘 하는 것 같아요.

세상의 모든 진리는 일관된 원리를 따릅니다. 학교에서든 직장에서든 가정에서든 동일한 원리가 적용됩니다. 일이란 결국 문제를 해결해야 하는 것입니다. 문제를 해결하면 일을 잘했다고 인정받고 월급도 받습니다. 즉, 밥값을 하는 것이죠. 학생은 공부로, 직장인은 업무로 인정을 받습니다.

일을 잘하는 사람의 공통점은 실행력입니다. 그들은 어떻게 실행을 빈틈없이 하는 걸까요? 그들이 새로운 과제를 손쉽게 해내는 모습을 보면 정말 경이롭기까지 합니다.

여러분도 할 수 있습니다. 뛰어난 실행력으로 장애물을 돌파하여서 일잘러(일 잘하는 사람)가 될 수 있습니다. 일이 쌓이는 이유는 실행하지 않았거나 처리 속도가 느리기 때문입니다. 일 처리하는 과정이 없으면 결과물이 나오지 않습니다. 지연되고 있긴 하지만, 당신이 무엇인가를 처리하고 있다면 일은 진행되고 있는 것입니다.

일잘러는 어떤 생각과 자세로 일을 할까요? 그들은 새롭게 주어진 임무를 어떻게 해결할까요?

부자는 더욱 부자가 되고 가난한 사람은 더욱 가난해지는 이 상한 순환 고리를 이제는 끊어야 합니다. 힘(P)은 무게(W)에 속도(S)를 곱한 것입니다. 무게가 작더라도 속도감이 있으면 파괴력이 크다는 뜻이죠. 즉, 속도감이 중요합니다. 다른 사람보다 먼저 시작하고 더 빠르게 처리하면 됩니다.

오늘만 대충 넘기지 말고, 금요일만 기다리지 말고, 일하는 재미에 빠져보세요.

일은 인생을 살면서 같이 할 가장 친한 친구입니다. 일은 우리가 원하는 것을 아낌없이 주는 친구입니다. 일은 내가 원하는 것을 이루어 주는 유일한 친구입니다. 뛰어난 실행력으로 깔끔하게 일을 처리하는 일잘러가 되어야 합니다.

물어보지 않았는데 이야기하면 '꼰대'라고 할 수도 있는데요. 부족한 경험과 지식으로 글을 쓰면서 어쩌면 이미 알고 있는 주제가 아닐까 하는 걱정도 했지만, 제가 하고 싶은 이야기를 멈추지 않고 실행하여 이 글을 작성하였습니다.

이 글의 전반적인 주제는 '실행하라'입니다.

작가의 말

두려워하지 말고 앞으로 나아가라

"왜 돈을 벌지 못할까요?"

"왜 문제가 해결되지 않을까요?"

이런 질문을 듣거나 할 때마다, 이유를 고민해 보는데, 결론은 인간의 본성 때문입니다.

'인간은 원래로부터 부정적인 성향을 보인다'는 것이 정설입니다. 생존을 위해서는 세상의 모든 것을 부정적으로 인식해야 했습니다. '긍정적인 마음가짐으로 살아야 한다'고 말하는 이유는 사람이 긍정적으로 살아가기 어렵기 때문입니다. 저

역시도 긍정적이라고 말할 수 없습니다. 살다 보면 아무것도 하지 않는 것이 더 이로울 때가 있습니다. '가만히 있어도 중간은 간다'는 말이 큰 위안이 될 때가 있습니다. 그러나 다시 강조하지만, 움직이지 않으면 결코 어떤 것도 이루어지지 않습니다.

첫째, 우리는 부정적인 본성에 사로잡히지 않고, 긍정적인 마음가짐을 가지고 행동해야 합니다. 돈을 벌기 위해서는 적극적인 노력과 창의적인 아이디어가 필요합니다. 문제를 해결하기 위해서는 문제의 본질을 파악하고 적절한 전략을 세워야 합니다. 남들이 잘되는 것을 부러워하지 말고, 자신의 장점과 역량을 발휘하여 자신만의 성공을 끌어내야 합니다.

둘째, 우리는 자신을 믿고 끈기를 갖고 일을 끝까지 추진해야 합니다. 어려움이 닥쳐도 포기하지 말고, 계속해서 도전하고 성장해야 합니다. 문제가 해결되지 않을 때는 다른 관점으로 접근해 보고, 새로운 아이디어를 가져와서 시도해 보아야 합니다. 더불어서 목표를 명확히 하고 계획을 세우는 것이 중요합니다. 목표를 향해 단계적으로 나아가며, 중간 점검을 통해 방향을 조정할 수 있어야 합니다. 그리고 주변의 지지와 협력을 받아들이고, 필요한 도움과 지원을 요청하는 것도 좋은 전략입니다.

　마지막으로, 우리는 자신의 성공과 실패를 평가하고 반성할 줄 알아야 합니다. 실패는 성공을 위한 중요한 교훈이 될 수 있습니다. 실패를 두려워하지 말고, 실패를 통해 학습하고 배우며 성장해야 합니다. 긍정적인 마음가짐과 끈기를 가지고 문제를 해결해야 합니다.

　현재 세상은 생존에 필요한 최소한의 조건을 갖추고 있습니다. 특히 우리나라의 경우는 최저시급으로도 살아갈 수 있고, 정보통신 기술을 통해 사람과 소통하거나 필요한 정보에 접근을 쉽게 할 수 있습니다. 많은 사람이 최소한의 노력으로 안정적인 생활을 할 수 있는 기반이 마련된 것입니다. 그러나 이런 편리한 환경 속에서도 여전히 다양한 이슈와 문제가 있는데, 아이러니하게도 기술의 발전과 글로벌화 때문에 문제의 규모 커지고 복잡성이 높아지고 있으며, 다양한 이해관계자의 목표와 신념의 차이로 사회적 이슈가 지속해서 생기고 있습니다.

　기술사 공부를 시작할 때 고민을 많이 했었는데요, 현재 기술사라는 타이틀은 '저에게는 과분하다'는 생각도 있고, 또한 제자리에 머무르지 않고 계속해서 노력하도록 자극하는 존재이기도 합니다. 직장을 다니면서 기술사 시험에 도전할지 말지를 결정하는 데 어려움을 겪기도 했습니다. 예를 들면, 회사에서 일을 소홀히 하고 공부만 한다는 비판을 받지 않을지, 어렵고 까다로운 시험을 통과할 수 있을지에 대한 불안감도 있었고, 혹시 공부하다가 멈추게 되어 실패할 것 같아서 불안했습니다. 그러나 이 모든 고민과 혼란 속에서도 저는 과감하게 학원에 등록하고 주말이나 저녁에 학원에 다녔습니다. 그리고 그동안의 고민과는 또 다른 고민을 하게 되었는데요. 여러 번의 시험에서 낙방하면서 자신감도 떨어지고 '안 되는 것이 아닌가?' 라는 생각에 사로잡히기도 했습니다. 그럴 때마다 다시 시작할 수 있었던 것은 현실을 바꾸고자 하는 강한 마음이었습니다. 변화해야 한다는 강한 마음이 있었습니다. 지금까지 공부했던 내용을 다시 정리하고, 꼼꼼하게 학습하게 되었고, 부끄럽지만 2년 6개월 만에 합격할 수 있었습니다. 이 모든 과정에서 포기하고 싶은 생각과 공부에 대한 혼란스러움이 있었지만 포기하지 않고 끈질기게 노력하여 값진 선물을 얻게 되었습니다.

이 경험을 통해 알 수 있는 것은, 도전과 고민을 두려워하지 않고 과감하게 나아가는 것이 중요하다는 것인데요, 어려운 시험을 앞두고 자신의 방법을 믿고 끝까지 노력한 결과로 성공을 이루게 되었고, 더 큰 도전에도 열린 마음을 가지고 힘을 낼 수 있게 되었습니다. 이 과정을 통해서 일잘러의 DNA를 알게 되었습니다.

　시간이 오래 걸리고 까다로우며 노력이 필요한 목표에 도전할 때는 결국에는 '과감한 선택과 끈기'로 끝까지 실행을 하면 깔끔하게 처리할 수 있다는 것을 알게 되었습니다. 같이 기술사 공부를 하는 사람 중에는 합격한 사람도 있지만, 중간에 여러 사정으로 인해 포기하는 사람도 있습니다. 공부하다가 포기하는 것도 아쉬운 점이지만, 도전 자체를 꺼리며 망설이다가 결국 도전하지 못한 사람은 도전을 통해 얻을 수 있는 소중한 경험을 해보지도 못할 뿐만 아니라 합격할 수 있는 기회조차 얻지 못하게 됩니다.

　실제로 해보지 않고는 진실을 알 수 없습니다. 저는 매운 음식을 못 먹는 사람이지만 가끔 맵다고 소문이 난 음식을 맛보면, 예상보다 매운 음식을 맛있게 즐길 수 있는 경우가 종종 있습니다. 무조건 미리 배척하고 포기하기보다는 도전과 경험을 통해 새로운 것을 발견하고, 자신의 한계를 뛰어넘을 수 있습니다.

　도전하기 전에 주저하거나 망설이지 말고, 실제로 도전해 보세요. 도전과 경험을 통해 우리는 새로운 가능성을 발견하고, 자신의 성장과 발전을 이룰 수 있습니다. 후회 없는 삶을 위해서는 주저하지 않고 도전해야 합니다.
　마음으로만 생각하고 가만히 있으면 아무일도 일어나지 않습니다. 우리가 마법사나 마술사가 아닌데 텔레파시 또는 어떤 염력으로 세상과 자신을 변화시키기는 불가능합니다.

　우리가 움직이고 행동한다면 새로운 것을 배울 수 있습니다.
　실제로 변화를 이루기 위해서는 행동이 필요합니다. 우리가 새로운 것을 배우고 성장하기 위해서는 움직여야 합니다. 행동을 통해 새로운 경험을 하고, 지식을 습득하며, 능력을 향상할 수 있습니다.

부동산 시장이 한동안 열기를 띠었는데요, 코로나 팬데믹 시기에 부동산 시장은 생각조차 하지 못했습니다. 그때까지만 해도 저는 부동산에 관한 공부을 전혀 하지 않았었습니다.

현재는 도서, 유튜브, 강연 등 다양한 매체를 통해 넘처나는 부동산 관련 콘텐츠를 챙겨보면서 나름 공부 하고 있습니다. 이렇게 많은 정보 홍수 속에서 실제로 행동으로 옮기는 사람은 몇 명일까요? 어떤 유튜버가 인터넷 상거래에 대한 노하우를 강의로 알려주는데, 댓글에 노하우를 대방출하면 어떻게 하느냐는 질문에 전혀 걱정하지 않는 이유는 실제로 행동으로 옮기는 사람은 극히 소수라는 사실을 언급한 적이 있습니다. 저 또한 과거에는 부동산이나 주식 등에 대해서는 대부분 개념적, 시각적으로 학습하는 수준이었습니다. 그러나 최근에는 '임장'이라는 활동을 하면서 다양한 장소를 방문하게 되었는데요, 용산, 강남, 청량리, 중랑구, 화곡동 등 여러 곳을 다니며 부동산도 직접 방문하고 네이버의 로드뷰로 확인했던 집도 실제로 눈으로 직접 구경하며, 도로 상황이나 주변 시설 등을 직접 확인했습니다. 부동산 중개사무소에 방문하고 중개사와 대화를 나누면서, 단편적으로 이해되었던 정보들이 현장에서는 새롭게 해석되면서 놀라운 인사이트를 얻을 수 있었습니다. 또한 부가적으로 아내와 함께 걸으며 소소한 대화를 나누는 시간이 기억에 남습니다.

움직이면 많은 것을 직접 알아보고 배울 수 있어서 문제를 해결할 가능성이 높아집니다. 하지만 움직이지 않으면 아무런 변화나 진전도 없습니다. 움직임은 우리에게 새로운 경험과 인사이트를 제공합니다. 우리가 행동하고 움직이면서 새로운 곳을 탐험하고 경험을 쌓을 때, 우리는 새로운 지식과 정보를 얻게 됩니다. 도전하고 움직이면서 일어나는 일을 통해 우리는 자신의 한계를 넘어서고, 새로운 가능성을 발견할 수 있습니다.

"여행을 좋아하시나요?"
여행은 각자에게 다양한 의미를 줍니다. 어떤 사람에게는 쉽게 할 수 있는 일이지만, 어떤 이에게는 어려운 일일 수도 있습니다. 여행을 떠날 때는 가볍게 떠나기도 하지만, 계획을 꼼꼼하게 세우다가 포기하는 경우도 있습니다. 금액적인 지출이나 안전에 대한 위험성 등의 이유로 주저하게 됩니다. 개인적으로 해외여행을 자유 관광으로 다녀오지 못한 이유는 걱정이 많았기 때문인데요. 길을 잃을 수도 있고, 호텔, 관광지, 교통수단 등을 예약하고 준비하기가 까다롭고 어려워 보였기 때문이었습니다.

비록 패키지 여행이더라도 여행은 평소에 경험하지 못한 것을 제공해 줍니다. 개인마다 여행을 통해 얻는 것은 다를 수 있지만, 일반적으로 여행을 하면 새로운 경험과 느낌을 많이 얻습니다. 여행을 통해 다른 문화와 사람을 만나고 새로운 곳에서 생활하면서 시각을 넓힐 수 있고, 새로운 아이디어를 얻을 수 있습니다. 또한 여행은 도전과 모험을 경험하게 해주어 우리의 성장과 계발에도 큰 도움이 됩니다. 여행은 우리에게 다양한 경험을 할 수 있게 해주고 성장의 기회를 제공하여 줍니다. 따라서 단순한 관광이 아니라 새로운 경험과 도전을 통해 우리는 더욱 풍부한 삶을 살 수 있습니다.

무엇이든 하고 나면 소중한 경험을 얻게 됩니다. 행동 하지 않는 다면 어떤 것도 남지 않습니다.

회사에서 어려운 과제에 참여하는 것은 정말 하기 싫은 일입니다. 하던 일 하면서 시간을 보내도 월급은 꼬박꼬박 나오는데 말입니다. 그래도 도전해 보면 잃는 것보다 얻는 것이 더 많습니다. 과제가 끝난 후에 뒤돌아보면, 과정을 통해 일을 많이 배웠다는 것을 알게 되어 과제에 참여하길 잘했다는 생각이 듭니다.

회사에서는 처음부터 끝까지 해 본 사람, 해 낸 사람을 더 선호합니다. 왜냐하면 이런 사람은 비록 어려운 과제에도 불구하고 끈기 있게 도전하여 문제를 해결 할 수 있다는 것을 믿기 때문입니다. 조직원이 어떤 과정을 끝까지 해냄으로써 얻은 경험과 이를 통한 조직원의 성장은 회사/조직에도 충분한 가치가 있습니다.

다시 말하지만, 무엇이든 도전하고 실행 해보면 소중한 경험과 결과를 얻게 됩니다. 그러므로 우리는 주저하지 않고 끝까지 도전하면서 배우고 성장해야 합니다. 회사에서도 끈기 있게 도전하고 노력하는 사람을 더 좋아한다는 것을 명심해야 합니다.

프롤로그

멈춤없는 움직임이 문제를 해결한다

모든 행동에는 일련의 단계가 있습니다. 먼저 준비하는 단계, 일을 시작하는 실행 단계, 그리고 자세와 형태를 이어가는 유지 단계, 마지막으로 다시 시작할 준비를 하는 보완 단계로 나눌 수 있습니다. 이러한 단계는 모든 행동에 적용될 수 있습니다. 단계를 나누는 방법은 개인마다 다를 수 있습니다.

예를 들어, 준비 - 실행 - 보완으로 나누거나, 단계를 더 세분화하여 7단계(준비 - 기획 - 설계 - 실행 - 유지 - 점검 - 보완)로 나눌 수도 있습니다.

필자의 경험으로 보면, 어떤 일을 시작할 때는 고민하는 단계가 있으나, 막상 시작하면 중압감과 압박감이 생기기도 합니다. 그런데도 일을 계속하다 보면 나름대로 재미를 찾는 단계를 만나면서 목표까지 꾸준히 유지하게 되고 이러한 단계를 거쳐 성공하든 실패하든 모든 여정이 끝나게 됩니다. 그리고 다시 시작하기 위해 지나온 과정들을 리뷰하고 보완하는 단계를 갖게 됩니다. 마라톤 경기를 하는 것과 같은 단계를 거치게 됩니다. 처음에는 힘들지만, 지속해서 달리다 보면 전혀 힘들지 않고 오히려 기분이 좋은 '러너스 하이(runner's high)' 단계를 만나게 되고, 찾아오는 고통을 참고 이겨내면서 막판에 결승점에 도착하게 됩니다. 결승점에 도착한 그 환희의 기쁨으로 다시 마라톤을 계속하게 됩니다.

무엇이든 과감하게 도전하는 것은 매우 중요합니다. 초반에는 저항감과 강한 스트레스를 느끼게 되는데 어떻게 하든 계속 두드려서 돌파구를 찾아야 합니다. 하지만 대부분 어려움을 만나면 중간에 포기하게 됩니다. 일잘러가 성과를 거둔 사례를 보면, 초반에는 다른 생각하지 않고 적극적으로 미친 듯이 일에 초집중한 경우입니다. 즉, 에너지를 초반에 집중하여 업무목표와 상황을 파악하여 대응함으로 성과를 얻을 수 있었습니다.

모든 행동에는 일련의 단계가 있는데 중요한 것은 초반에 거침없이 과감하게 도전하고 적극적으로 행동해야 성과를 거둘 수 있고, 목표를 달성할 수 있음을 믿어야 합니다.

준비 단계 > 실행 단계 > 유지 단계 > 보완 단계를 거치고 다시 다른 일에 대한 준비 단계를 시작합니다.

0. 마음가짐

솔선수범하여 문제를 해결하기 위한 마음가짐을 유지하는 단계입니다. 군대의 5분대기조처럼 언제든 실전에 투입될 수 있는 긴장감을 유지하는 것입니다.

1. 준비 단계

문제의 본질을 파악하고 원인을 분석하는 단계입니다. 해결하고자 하는 목표를 구체적으로 설정하고, 문제 해결에 필요한 자원과 도구를 확보하고 준비합니다.

2. 실행단계

목표 달성을 위한 구체적인 계획을 세우고 중요한 요소와 우선

순위를 고려하여 행동을 결정하는 단계입니다. 계획에 따라 적극적으로 실행하고, 필요한 조처를 하며 과정에서 발생하는 어려움을 극복하는 방법을 탐구합니다.

3. 유지 단계

문제 해결을 지속해서 유지하기 위한 방법과 전략을 고려하는 단계입니다. 위험을 잘 관리하고 끝까지 해낼 수 있도록 지속성을 유지합니다.

4. 보완 단계

과정에서 얻은 교훈과 배운 점을 도출하며, 선순환 구조를 만들기 위해 시작과 연결하는 단계입니다. 지속적인 발전과 성장을 위한 방법과 전략을 고려하고, 문제 해결 방법을 개선하기 위한 조치와 계획을 수정합니다.

각 단계에서는 해야 할 일과 필요한 접근 방법을 다루며, 사례나 예시를 통해 실제 상황에서 적용할 수 있도록 방법을 제시하려고 했으며, 이를 통해 독자는 각 단계에서 목표설정, 계획수립, 실행, 평가 등을 효과적으로 수행할 수 있을 것입니다.

'미쳐서 자기의 길을 가는 사람이 성공한다.'는 말이 있습니다. 모든 미친 사람이 성공하는 것이 아니라, 제대로 미쳐서 자기의 길을 가는 사람이 성공한다는 말입니다. '미쳐야 한다'는 의미는 몸과 마음으로 미치는 것입니다. 우선, 마음을 한 곳으로 집중할 수 있도록 해야 합니다. 마음이 흩어져 있으면 행동에 집중하기 어렵습니다. 마음을 집중시키기 위해서는 명확하게 목표를 설정하고 그에 대한 열정을 가져야 합니다. 또한 마음만 미쳐서는 효과적인 행동을 할 수 없고 몸도 같이 미쳐야 합니다. 행동이 없는 마음의 미침은 자기 욕구가 억눌려서 스트레스를 받게 됩니다. 좋아서 하는 일은 몸이 고단하고 피곤해도 스트레스를 받지 않지만, 하기 싫은 일을 억지로 하는 사람은 육체적으로 피곤하지 않아도 정신적 스트레스를 받습니다.

따라서, 자기의 길을 가면서 성공하기 위해서는 몸과 마음 모두 미쳐야 합니다. 명확한 목표와 열정을 갖고 마음을 집중시키며, 적극적인 행동을 통해 실천해야 합니다. 미치는 것은 단순한 말장난이 아니라 자기의 열정과 행동력을 발휘하여 성공에 도달하는 과정을 의미합니다. 자기의 길을 가는 사람은 이러한 미침(미쳐버림)을 통해 자신의 성공을 이루었습니다.

일잘러가 했다면, 우리도 충분히 할 수 있습니다.

STEP I.

" **왜 일이 안 되는 거야!** "

생존본능은 원하지 않아도 작동하며 DNA에 기록된 기준으로 생존에 직결되는 상황에서는 즉각적으로 우리 몸을 조정하고 있습니다. 생존과 관계없는 영역에서는 인간에게 있는 자유의지를 통해 통제합니다. "생각하는 대로 된다."는 말과 같이 어떤 인물이 될지, 어느 방향으로 움직일지 생각하는 대로 행동하게 됩니다. 그래서 올바르게 생각하는 사람은 미리 준비하고 합당한 방법을 찾아서 실행하기 때문에 성공할 수 있고, 깊게 생각하지 않은 사람은 시간을 허비하다가 원하지 않은 문제와 이슈를 만나서 허우적거립니다.

1-1
실행하지 못하는 이유

거짓 똑똑함

'거짓 똑똑함'이 우리를 행동하지 못하도록 합니다. 대부분 사람은 세상의 모든 진리를 알고 있다는 착각속에 살고 있습니다. 초등학교 고학년만 되어도 세상만사를 알고 있는 것처럼 행동하고 있으니까요. 넘쳐나는 정보로 굳이 기억하고 내재화하지 않아도 원하는 정보를 쉽게 얻게 되면서 행동양식이 바뀌고 있습니다. 거짓 똑똑함에 빠져서 행동 없이 생각만으로 비판하는 경향이 있습니다. 또한 요즘 세대는 유행이 뒤쳐지지 않기 위해 소비적 행동을 많이 합니다.

생산적 행동이 없으면 삶의 균형은 무너집니다.

다양한 선택지

선택할 것이 많아서 의사결정 하기 어려워진 요즘은 단순하게 생각하고 결정하는 모습이 필요합니다. 많은 매체에서 정보가 쏟아지면서 자신의 상황과 맞지 않는 정보 때문에 안 해도 되는 고민도 하고 삽니다. 과유불급, 즉 필요 이상으로 넘치는 정보로 인해 오히려 의사결정을 쉽게 하지 못합니다.

일상에서 우리는 많은 매체를 통해 수많은 정보를 접하고 있습니다. 뉴스, 유튜브, 신문 뿐만 아니라 회사나 학교에서도 많은 정보가 제공됩니다. 이에 따라 머릿속은 다양하고 많은 정보가 뒤섞이면서 정리되지 않은 상태가 됩니다. 즉, 처리가 안 되어 머릿속이 복잡합니다.

　이에 따라 경영학에서는 신속한 의사결정을 위해 단순한 판단 기준을 가지는 것을 권장합니다. 일반적으로 회사에서 외부 컨설팅을 받을 때, 컨설턴트는 간단하고 명확한 기준을 설정하고 탑다운(하향식) 방식으로 시작합니다. 꼬여 있는 문제를 풀기 위해서 논리적으로 정리해 나가는 단계입니다. 이렇게 하는 궁극적인 이유는 컨설팅 결과를 최종 의사결정자에 쉽게 설명하고 설득하기 위함입니다.

　부동산 투자를 고려할 때는 입지, 교육, 향후 성장성, 시설, 인프라 등을 고려해야 합니다. 이렇게 다양한 요소를 동시에 고려하다 보면 복잡성이 증가하여 판단하기 어려워집니다. 따라서 쉽게 투자 결정을 하기 위한 방법으로는 두 개의 요소만 선택하여 비교분석을 하는 것입니다.
　예를 들어, 교통과 교육을 중심으로 판단하는 것입니다. 후보지 중에서 교통의 편리성과 자녀 교육을 위한 조건만을 고려하여 비교분석을 하면 의사결정이 간단하고 쉬워집니다. 강남은 교통과 교육 모두 충족하는 지역이며, 강북은 지역에 따라 교통 또는 교육이 좋거나 나쁠 수 있습니다. 직장의 접근성이 중요하므로 직장이 많은 강남 근처에 위치하면 교통의 장점을 누릴 수 있습니다.

교육은 일정한 소득 수준의 주민이 거주하고 일정한 교육비를 지출할 수 있는 곳이 주목받습니다. 교육환경이 좋은 곳은 학교와 학원가가 잘 형성되어 있는 곳 입니다. 강남의 학원가는 수준에 맞게 클래스를 선택할 수 있는 장점이 있습니다. 그러나 학생 수가 부족한 지역의 학원은 수익문제 때문에 힘들어서 다양한 강좌를 개설하지 못합니다.

일잘러는 간단하게 생각합니다.

일을 할 때는 간단하게 단순하게 생각하는 훈련을 해야 합니다. 다시 말해, 의사결정을 내릴 때는 핵심적인 요소에 집중하고 복잡성을 최소화해야 합니다. 목표에 맞는 간결한 판단 기준을 설정하고 필요한 정보를 정리해야 합니다. 이를 통해 다양한 선택지로 인한 시간 낭비를 방지할 수 있고, 최고는 아니더라도 최적의 의사결정을 내릴 수 있습니다.

심플하게 살아가는 것이 중요합니다.

완벽주의자

완벽하게 일을 처리하면 칭찬을 받을 수 있습니다. 완벽한 결과물을 만들기 위한 노력은 가치 있는 일입니다. 그러나 완벽을 추구하는 욕심이 앞서면, 선뜻 일을 시작하지 못하는 문제가 있습니다. 완벽을 강조하다가 실행을 미루게 되어 오히려 문제가 생길 수 있습니다.

실패에서 비판을 피하려는 자연스러운 욕구입니다. 하지만 현실적으로 완벽한 상태에서 일을 시작하기는 어렵고, 대부분 불완전한 상태에서 시작하고 상황에 따라 점점 상세화해 나가는 과정을 거칩니다. 완벽한 준비를 위해 시간을 많이 허비하다 보면 일의 진행이 늦어지게 되고, 결국 아무것도 이루지 못하는 상황에 빠질 수 있습니다.

망설이다 보면 적절한 시기를 놓치게 됩니다. 적절한 사례일지 모르나, 회사 경영진의 늦은 의사결정이 대표적인 사례입니다. "경영진은 왜 의사결정을 늦추고 미루는 걸까?"라는 생각을 하곤 합니다. 사실 신속하고 합리적 의사결정은 이상적임에도 불구하고 더 합리적이고 완벽한 의사결정을 하려다 보니 고민의 시간을 더 갖게 되는 것입니다. 제 경험상, 대기업일수록 '마감 시간 전까지는 의사결정을 하지 못한다'고 생각합니다. 이는 시험 기간에 공부를 미루다가 시험 직전에 갑작스럽게 공부하는 학생과 비슷합니다. 마감일이 되어 의사결정을 하는 이유로 "고민하면 더 좋은 결정을 할 수 있지만, 마감 시간때문에 시간이 부족해서 이렇게 결정해야만 한다."라고 스스로를 안위하면서 결정을 하는 것입니다.

"90% 계획, 10% 실행"이라는 말이 있는데요, 이는 조금 늦게 시작하더라도 잘 계획하면 10%의 노력으로도 성과를 얻을 수 있다는 의미입니다. 완벽한 계획을 세우는 것은 중요하지만, 계획에만 집중하여 실행하는 시간을 충분히 확보하지 못하면 완벽한 계획도 의미가 없어집니다. 계획을 잘 세우는 것도 중요하지만, 실행에 충분한 시간과 노력을 투자해야 합니다.

A 계획을 세우다가 포기하고 B 계획을 세우고, 다시 C 계획을 세우는 것은 여러 상황을 고려하여 좋은 방안을 선택하는 긍정적인 면도 있지만, 반대로 생각하면 실행되는 일이 전혀 없다는 뜻입니다. "나 이거 할 거야. 나 저거 할 거야"라고 생각하지만, 실제로는 '~ 할 거야' 마법에 걸려서 아무것도 이루지 못한 채 그냥 구호만 외치고 끝나고 있습니다.

일잘러는 계획이 조금 엉성해도 일단 진행하면서 대안을 찾는 성향이 강합니다. 완벽주의자 중에 일을 잘하는 사람은 극히 드뭅니다. 대부분은 일하면서 최적의 대안을 찾아가고 있습니다.

실제로 실행되는 일이 없다면 계획은 단지 종이 위의 이론/계획에 불과합니다. 따라서 조금 엉성해도 실행하는 전략이 중요합니다. 완벽한 계획을 세우기만 한다면 어떠한 형태라도 결과를 얻을 수 없습니다.

MBTI(Myers-Briggs Type Indicator)는 성격 유형을 알아보는 심리학적 도구 중 하나입니다. 개인의 성격 특성과 선호하는 행동 양식을 분류하여 설명하는데 4가지 이진 차원을 기반으로 16가지의 성격 유형을 나타냅니다.

- **인식** (Perception): 외향 (Extraversion) vs 내향 (Introversion)
- **정보 수집** (Sensing): 감각 (Sensing) vs 직관 (Intuition)
- **결정** (Judging): 사고 (Thinking) vs 감정 (Feeling)
- **생활양식** (Lifestyle): 판단 (Judging) vs 인지 (Perceiving)

MBTI에서 생활양식(Lifestyle)의 P/J에 따라서 성격의 차이가 있는데, P는 계획을 유연하게 세우지만, J는 한번 세운 계획은 꼭 지키려는 경향이 강합니다. 그래서 일까요? J의 성향이 강한 사람은 계획을 꼼꼼하게 세우다가 실행에 못 옮기는 경우가 많습니다. 파워 J인 분은 공감하실지 모르겠네요. 필자도 약간 같은 성향이어서 항상 반성하면서 유연하게 살기 위해 노력하고 있습니다.

일잘러는 완벽하게 일 처리하기 위해 실행을 우선합니다. 절대 고민만 하지 않습니다.

완벽을 추구하다가 아무것도 못 하는 상황에 빠질 수 있습니다. 중요한 것은 완벽하지 않아도 일단 해보는 것입니다. 완벽하지 않을 수 있지만, 실제로 일을 시작하고 실행하는 과정에서 성장하고 발전할 수 있습니다. 실패와 비판은 성장의 기회입니다. 완벽한 계획을 세우려고 집중하지 않고 일을 진행하면서 필요한 부분을 바꿔가야 합니다. 원하는 결과를 얻는 경험을 쌓는 것이 중요합니다.

완벽을 추구하되 동시에 멈춤 없는 실행 자세를 갖추는 것이 바람직합니다.

실패의 두려움

새로운 일을 시작할 때는 누구나 실패에 대한 두려움을 느낍니다. 자신이 익숙한 영역에서 조금씩 개선하는 것은 쉬워도 완전히 새로운 환경에서 시작하는 것은 비교적 쉬운 일이 아닙니다.

주변의 비판이나 실패에 대한 두려움이 크게 되면, 시작하기 망설여지거나, 중간에 포기하고 싶은 생각이 들기도 합니다. 두려움을 극복하는 방법은 다양하게 연구되고 있지만 결국에는 본인이 스스로 찾아야 합니다.

올라가기 어려워 보이는 언덕도 넘어서서 새로운 풍경을 보게 되면 기분이 좋아집니다. 힘은 들었지만 포기하지 않고 끝까지 언덕에 올라서서 걸어왔던 길을 돌아보면 스스로 대견스러워집니다. 서울 강동에는 '아이유 고개'라는 자전거 도로가 있습니다. 자전거를 즐기는 분들이 이름을 지어준 것 같은데요, 한강고수부지를 따라서 암사동 근처에서 고덕동/상일동 방향으로 넘어가는 곳에 3단계로 이어지는 오르막길 언덕이 있습니다. 자전거로 한 번에 오르는 분도 있고, 내려서 끌고 올라가는 분도 있는 곳입니다. 힘든 언덕을 오르고 나면, 기분이 묘하게 좋아집니다. 어려워 보이는 언덕을 올랐다는 희열을 느끼는 것이죠, 어려운 것을 해낼 때 우리는 보람을 느낍니다.

완벽하게 할 필요 없이 그냥 시작해 보는 것은 어떨까요? 예를 들어, 책을 읽는다고 생각해 봅시다. 한 권을 100% 끝까지 읽는 것보다는 조금씩 읽어보는 것이 어떨까요? 전체를 다 읽지 못하는 책이 생기면 그냥 놔두고 나중에 기회가 될 때 마저 읽으면 됩니다. 책을 완벽하게 읽으려고 하면 절대로 다독할 수 없습니다. 30대 초반에 일 년에 100권 책 읽기 도전을 한 적이 있습니다. 정말 미친 듯이 읽어서 100권을 채웠어요. 그렇다면 완벽하게 읽었느냐? 그렇지는 않습니다. 목표를 세웠으면 무조건 해내는 것이 중요합니다. 한 번 하면 두 번 할 수 있습니다. 그 이후 책에 더 친숙해졌고, 지금은 책 읽는 데 전혀 어려움을 느끼지 않고 즐기는 사람이 되었습니다.

일잘러는 은근히 **뻔뻔합니다**. 실패를 두려워하기보다는 도전하면서 방법을 터득합니다. 가볍게 시작하는 것이 좋습니다. 조금씩 시도해 보고, 실패하더라도 괜찮다는 마음으로 시작해 보세요. 성공과 실패가 계속되는 시간을 배움의 기회로 여기면 됩니다.

"처음부터 용맹한 사람은 없다네, 싸우면서 실력이 늘게 되지!"

어느 드라마에서 장군이 군영에서 두려움으로 탈영하려는 병사를 용서해 주면서 한 대사입니다. 처음부터 용맹한 사람이 있었나요? 두렵고 떨리는 마음은 모두 같았을 것이나, 상황을 겪으면서 몸에 익숙해지고 어쩌면 습관화되면서 두려움을 이겨냈을 것입니다.

착한 사람병

'신데렐라 병'(Non Risk Taker)은 모든 사람에게 착하게 보이려는 모습을 빗대어서 하는 말입니다. 착하게 살면 행복해진다는 말이 있긴 하지만, 사실 착한 사람 때문에 이슈가 더 생기기도 합니다. 회사나 조직과 같은 곳은 명확한 목표가 있는 곳으로, 그 목표에 맞게 움직이지 않으면 안 되는 곳입니다.

이슈를 만들거나, 문제를 일으켜서 나쁜 사람이 되지 않기 위해 현재 문제 상황을 모른 척하는 사람이 있습니다. 개인적으로는 문제가 되지 않을 수 있지만, 조직 관점에서는 문제가 생길 수 있으며, 궁극적으로는 개인에게도 피해가 갑니다. 조심스러운 발언이긴 하나, 대기업보다는 중소기업에서 이슈가 되기도 합니다. 회사 프로세스가 명확하지 않은 소규모의 기업에서는 사람의 영향력이 상당히 크게 됩니다. 진급/승진, 연봉 협상 등 다양한 분야에서 영향력을 끼치다 보니, 마음이 약한 사람은 손해를 보더라도 참는 경우가 많습니다.

자신의 의견을 내는 것을 두려워할 때가 있습니다. 사실 반대의견을 내게 되면 공격을 받을 것 같고, 반대 의견에 대한 근거를 제시해야 할 것 같아서 그냥 순응(오케이, 세이예스)하는 경우가 있습니다. 직장생활에서 제일 경계해야 하는 사례입니다. 처음 몇 번은 괜찮으나, 되풀이 되면 자신 의견을 내는 것에 익숙하지 않아서 나중에는 조직 내에서 무색무취의 성격 소유자로 남게 됩니다.

잔 다르크는 되지 않더라도, 착한 병에 걸린 신데렐라가 되지 않도록 해야 합니다.

일잘러는 착하지 않습니다. 의외로 까칠하지만, 업무만큼은 깔끔하게 합니다. 뭐든지 해야 합니다. 되든 안 되든 도전해야 합니다. 실패가 없다는 것은 실행도 없었다는 뜻이니까요.

탁구에서도 실력을 늘리려면 어려운 기술을 자주 적용해야 합니다. 할 때마다 네트에 걸려서 실점하더라도 지속해서 기술을 구사해서 실력을 키워야 합니다. 실점하지 않기 위해 살짝 살짝 커트 방어만 한다면 더 이상 실력 성장은 없습니다.

태생적으로 착한 사람이라고 해서 모든 상황에서 착한 행동만 하면 안 됩니다. 회사는 경쟁 사회이고 본인의 가치를 극대화해야 하는 곳입니다. 도전하고 위험을 감수해야만 목표를 달성할 수 있습니다. 도전의 필요성을 인지하고, 자신의 역량을 발휘하여 조직에서 핵심적인 역할을 수행할 수 있어야 합니다. 착한 성품을 가진 일잘러는 주변에 긍정적인 영향력을 끼칩니다. 일은 무조건 잘하고 봐야 합니다.

실패는 성공의 반대가 아니라 성공으로 가는 필수 코스입니다. 오히려 성공의 반대말은 포기입니다. 도전과 실패를 경험하면서 배우고 성장해야 합니다. 일잘러는 실패를 두려워하지 않습니다. 실패를 두려워하지 않아야 새로운 아이디어를 시도

할 수 있고 혁신적인 변화를 끌어내는 역할을 맡을 수 있습니다. 따라서, 안 좋은 평가를 받고 싶지 않다는 이상한 생각을 하지 말고, 조직에서 할 만한 일에 도전하고 실행에 참여하는 자세를 가져야 합니다.

착한 사람 병에 빠지지 않아야 합니다. 실패가 두렵고 비난을 받더라도 도전의 필요성을 이해하고 목표를 향해 단호하게 나아가는 것이 개인과 조직의 성장을 모두 이룰 수 있는 길입니다.

중간 선호자

뉴욕에서 한 사람이 뛰면 아무런 반응을 보이지 않지만, 두세 사람이 뛰기 시작하면 주변 사람도 같이 따라 뛴다고 합니다. 군중심리를 알아보는 유명한 실험으로, 사람은 보통 큰 흐름을 따라 움직이려는 경향이 있다는 것을 보여줍니다.

이러한 현상은 주식 거래나 부동산 시장에서도 잘 나타납니다. 예를 들어, 아파트 가격이 하락하는 상황에서도 사지 않는 현상이나 거품 시세에도 불구하고 구입하는 것과 같은 현상입니다. 거품이 생기면 반드시 사라진다는 점을 염두에 두어야 하고 반드시 평균 회귀론을 생각해야 합니다. 무리 중앙에 있는 들소는 외부로부터 안전을 보장받습니다. 이와 같은 원리로 강의장 가운데에 앉은 학생은 선생님의 관심을 덜 받을 수 있어 딴짓하거나, 질문을 받지 않는 등 다른 측면에서 안전하다고 생각합니다. 이러한 생각은 우리나라 사람에게 보편적 상식으로 많이 퍼져 있습니다. 필자도 마찬가지로 너무 튀지 않으려고 하는 경향이 있긴 합니다.

그러나 다시 생각해 보면, 이는 정체성이 없거나 목표가 뚜렷하지 않기 때문입니다. 명확한 목표가 없다 보니 망설이는 것입니다. 목표를 SMART(Specific/ Measurable / Achievable / Realistic / Timely) 하게 설정하라고 하지만, 실제로 측정할 수 있고 실현할 수 있는 명확한 목표를 세우기는 어렵습니다. 대안적으로 막연한 방향성만 있어도 목표가 될 수 있습니다. 예를 들어, 전치사 'to'는 목표에 도달하는 느낌을 주지만, 'toward'는 어떤 방향으로 가는 느낌을 줍니다. 우리는 명확한 목표가 없더라도 일단 방향을 잡고 한 발짝씩 움직여야 합니다.

과감하게 자리를 박차고 일어나면 변화가 시작됩니다. 움직이지 않으면 변화도 일어나지 않습니다. 주저하면서 행동하지 않으면 변화가 없습니다. 자신의 편견과 두려움을 극복하고 새로운 도전을 해야 합니다. 당장 변화하기 어렵고 불편하고 불안할 수 있지만, 이것이 우리가 성장하고 발전하는 방법입니다. 자신에게 도전하고 새로운 시도를 하면 자신의 역량을 발견하고 성취감을 느낄 수 있습니다.

직장에서 신입사원이 앞으로 치고 나가기는 어려울 수 있으나, 3년 정도의 경험이 있는 주임/대리 정도 되면 조금씩 앞으로 나갈 시동을 걸어야 합니다. 중간 선호자로 대리/과장 시절을 보낸다면 무색무취의 직장인으로 남을 확률이 높습니다. 일잘러는 3년 차부터 두각을 나타내기 시작합니다. 원리는 간단합니다. 업무를 두려워하지 않고, 일단 업무 맡고 필요하면 도움을 요청하여 처리하면서 일 근육을 늘리고 있습니다.

일잘러는 눈에 띄려고 합니다. 천재가 아닌 이상, 노력을 통해 자기 능력을 부각하려고 합니다.
중요한 것은 목표와 방향을 설정하고 행동하는 것입니다. 목표가 없이는 동기부여가 어렵고, 방황하게 됩니다. 목표를 설정하고 그에 맞는 계획을 세우면 효과적으로 목표를 달성할 수 있습니다. 또한, 행동은 변화를 불러오는 첫걸음입니다. 주저하지 말고 결단력 있게 행동하세요. 변화를 두려워하지 말고 새로운 도전에 나서고, 실패와 어려움을 극복하며 성장해야 합니다. 새로운 일 하면서 불안해하지 마세요. 주변에서 도와줍니다. 하겠다는 사람의 기를 꺾는 회사는 없습니다. 모르는 부분을 물어보고 배우면서 점점 나아지는 모습을 보이면 더욱더 도움의 손길이 생깁니다.

이렇게 목표와 방향을 설정하고 과감하게 행동함으로써 우리는 변화를 일으키고 성공을 끌어낼 수 있습니다. 자신의 역량과 가능성을 믿고, 끊임없이 도전하며 성장해 나가는 것이 중요합니다. 그리고 변화를 두려워하지 않고 새로운 가능성을 탐색하는 자세를 갖는 것도 필요합니다. 변화는 어렵고 불안할 수 있지만, 그 안에는 새로운 세계와 성장의 기회가 숨어 있습니다. 그러므로 우리는 과감히 자리에서 일어나고, 행동하여 변화를 일으키며 더 나은 미래를 만들어 나가야 합니다.

평화주의자

 망설이는 이유는 어찌 보면 아무 일도 일어나지 않길 바라는 마음 때문이라고 생각합니다. 이슈를 만들지 않는 쪽으로 생각하는 거죠. 오히려 본인의 주장대로 일을 하는 것이 아니라, 남의 지시에 의해 움직이는 것이 단순하고 쉬워서 더 선호합니다. 즉, 자기 일을 할 때는 왜 이렇게 해야 하는지 스스로 납득하거나 남을 설득해야 하므로 은근히 에너지가 많이 듭니다. 한편, 남의 요구(또는 상사의 요구)에 대응하는 것은 매우 쉬운 일입니다. Call & Check만 하면 됩니다. 행동에는 책임이 따르지만, 본인의 생각이 아니라 타인의 요구에 의해 움직였다는 최소한의 변명으로 책임을 회피할 수 있기 때문입니다.

망설인다는 것은 생각한다는 좋은 의미도 포함하고 있으므로 능동적으로 움직여야 합니다.

막연한 불확실성을 떨쳐버리고, 실패에 대한 비판 그리고 위험에 대한 두려움을 이겨내야 합니다. 두려움은 연습과 훈련으로 극복할 수 있습니다. 예를 들면 해 본 일은 겁나지 않습니다. 해봤기 때문에 진행여부를 판단할 수 있기 때문입니다. 해보면 자신감이 생깁니다. 그래서 해봐야 합니다. 캠핑을 처음 시작한 직장동료가 있습니다. 처음에는 주저 했지만, 친구 가족의 초대로 캠핑을 한 번 경험한 이후 직접 장비를 구입하고 여러 번 가족과 캠핑을 가면서 오히려 친구보다 더 많이 즐기는 모습을 보았는데요, 사실 처음이 어렵지 한번 하고 나면 익숙해져서 두려움을 이겨내고 더 잘할 수 있게 됩니다.

어려운 기획서를 힘들게 끝마쳤다면 다음에 비슷한 업무를 맡게 되면 쉽게 처리가 가능합니다. 업무는 경험을 쌓는 일입니다. 업무를 하면 할수록 노하우가 쌓이게 되고, 관련된 지식/정보/이력이 축적되다 보니, 업무를 더 잘할 수 있게 됩니다. 기하급수적으로 성장하게 됩니다. 실행 총량의 법칙이 있습니다. 계속하지 않고 망설이다가 어느 순간 욱해서 실행하는 경우가 있는데요, 잘못된 결정을 할 때가 많습니다. 무엇을 할지, 어떻게 할지 고민만 하다가 좋은 기회를 놓치지 말고 선택권이 주어지는 시간을 활용하여 좋은 결과를 가져올 수 있도록 실행 하길 바랍니다.

과정을 거쳐야 결과가 나옵니다. 무조건적인 실행이 정답은 아니지만, 생각만 하고 혼자 방구석에서 공상만 한다면 게으른 변명쟁이가 됩니다. 해보고 느끼고 또 해보면서 조금씩 자신감을 가져가는 것입니다. 한번 가본 길은 어렵지 않습니다. 두렵지 않습니다. 다만 해 본 것을 또 하기에는 귀찮을 수 있으나, 뚜렷한 목표와 소망이 끝까지 끌고 갈 것입니다.

1-2
문제가 해결되지 않는 이유

문제 해결력

문제가 해결되지 않는 이유는 다양할 수 있지만, 크게 세 가지로 생각해 볼 수 있습니다.

첫째로, 생각만 한다는 점입니다. 생각은 문제 해결을 위한 출발점이지만, 생각만으로는 실제 변화를 끌어내기 어렵습니다. 생각과 동시에 행동으로 옮기는 것이 중요합니다.

둘째로, 노력이 부족하다는 점입니다.
생각과 행동은 상호 보완적인 요소입니다. 생각을 통해 문제 해결 방안을 도출했다면, 그에 따른 노력이 필요합니다. 노력을 통해 문제에 대한 해결책을 찾고, 그것을 실천함으로써 성과를 끌어낼 수 있습니다.

마지막으로, 문제 해결 방법을 모르는 경우입니다. 문제를 해결하기 위해서는 그에 맞는 방법과 절차를 알아야 합니다.

학습과 연구를 통해 문제 해결에 필요한 지식과 방법을 습득해야 합니다. 알면 세상살이가 쉬워집니다.

문제가 해결되지 않는다면 무엇이 문제였을까요?

문제에 대한 조치를 취하지 않았거나 충분하지 않으면 효과 없는 수 있지만 포기하지 않고 계속 노력하는 것이 중요합니다. 다양한 방법을 시도해 보면서 문제의 해결책을 찾아야 합니다. 100% 정확한 방법이 아니더라도 끈기와 노력을 통해 결과를 얻을 수 있습니다. 방향이 올바르다면 끈질기게 노력하는 사람이 문제를 해결하게 됩니다.

행동력은 문제 해결을 위해 필수적인 역량입니다. 모든 결과는 입력, 처리, 출력의 절차를 거치게 됩니다. 즉, 생각과 행동을 통해 문제에 대해 조처하고, 그 결과를 얻어내는 것입니다. 이 세 가지 요소를 소홀히 하면 어떤 변화도 일어나지 않습니다. 따라서 행동력을 강화하고, 끈기와 노력으로 문제에 대응하고 처리해야 합니다. 이렇게 하면 반드시 원하는 변화와 성과를 이룰 수 있습니다.

생각만 한다

보통 사람은 많은 생각을 합니다. "90%는 생각으로, 10%는 노력으로 일을 이룬다"라는 말도 있습니다. 때로는 "행동하기 전에 신중하게 생각하라"는 조언을 받기도 합니다. 신중하게 생각하는 것은 실수를 최소화하기 위한 방법이나 최근에는 환경이 많이 변하였고 민첩한(Agile) 관리 방식이 도입되고 있습니다.

대기업은 규모가 커서 경영의사결정에 시간이 오래 걸립니다. 작은 잘못된 판단으로 큰 위기를 만들 수 있기 때문입니다.

그러나 스타트업 기업은 사원~대표까지 의사결정 구조가 간단하고 뚜렷한 단일 목표가 있어서 빠른 의사결정을 하고 실패 시 보완하여 다시 시작하는 애자일(Agile) 방식으로 운영됩니다. 시장의 반응을 살피며 맞춤형 서비스와 상품을 출시하고자 하는 단순하고 명료한 목표가 이 모든 것을 가능하게 합니다.

정보 통신의 발전과 사람 의식 구조의 변화로 인해 빠른 속도로 일이 진행되고 있습니다. 그런데도 아직도 완벽하기 위해 시작 전에 많은 생각을 합니다. 일이 잘못되어 비판을 받거나 창피를 당할 까봐 조심해서 행동하고 있습니다.

실패 없는 완벽한 인생을 살려고 합니다. 이러다 보니, 행동하지 않으면서 공연히 생각만 하고 시간을 보내고 있습니다. 생각도 중요하고 계획과 기획도 중요하나 행동이라는 결과물이 나와야 합니다. 환경에 맞추어 최소한의 행동만 한다면 절대로 큰일을 이룰 수 없습니다.

뇌의 입장에서는 생각하는 것만큼 효율적인 것은 없습니다. 육체적인 에너지 소비 없이 생존을 위한 시뮬레이션을 해볼 수 있기 때문입니다. 이 생각, 저 생각을 하면서 빠르게 또는 깊게 고민합니다. 환경이 변하면 이슈가 사라 질 수 있고, 처음에 생각했던 고상하고 고차원적인 훌륭한 계획은 뜻하지 않은 생존 위협으로 수포가 됩니다.

생각과 행동은 상호 보완적인 요소입니다. 생각 없이 행동하면 무분별하고 위험한 일을 할 수 있습니다. 그러나 생각만 하고 행동하지 않으면 변화와 성장이 이루어지지 않습니다. 따라서 적절한 시기에 신중하게 생각하고, 결정을 내리고 행동해야 합니다. 생각과 행동을 균형 있게 조화시키면 성과를 안정적으로 끌어낼 수 있습니다.

환경이 빠르게 변화하는 현대 사회에서는 적응하기 위해 발 빠르게 행동하는 것이 중요합니다. 생각과 행동을 조화롭게 유지하면서 적절한 판단을 내려야 합니다. 안전을 고려하면서도 기회를 놓치지 않고 도전하고 성장하는 자세를 가져야 합니다. 실수와 실패를 전혀 두려워하지 않고, 실행 경험을 통해 더 나은 결과를 끌어내는 데 집중해야 합니다.

다시 한번 강조하지만, 실패는 성공의 반대말이 아닙니다. 실패는 성공으로 가는 과정일 뿐입니다.

노력이 없다

문제가 해결되지 않는 이유는 간단합니다. 노력하지 않기 때문입니다. 이 말은 진실입니다. 노력하면 어떤 것도 불가능하지 않습니다. 그러나 세상은 노력에 대해 "아니라"고 말합니다. "효율적으로 생각하라"고 생산성을 강조하면서 문제에 집중하여 해법을 찾는 것을 방해합니다. 절대로 속으면 안 됩니다.

노력은 모든 문제를 해결하기 위해 필요한 최소한의 자세입니다. 수학 문제도 결국 수많은 시간과 노력을 투자해야 원리를 깨닫게 되고, 한번 깨우친 원리가 다른 원리를 이해하게 하는 역할을 하며 문제를 해결하는 지식이 쌓이게 됩니다. 노력 없이는 아무것도 이루어지지 않습니다.

우공이산(愚公移山)의 이야기를 보더라도 모든 사람은 그것이 되겠냐고 비아냥거렸지만, 끝까지 노력해서 산을 옮겼습니다. 모두 도와주거나 용기를 주는 것이 아니라 얕은 지식을 가지고 비판합니다. 현대는 모든 절차가 빠르게 처리되고 있어서 생각할 틈을 주지 않습니다. 무엇을 하려고 하면 안 되는 정보만 눈에 들어옵니다. 온라인으로 구글링을 할 수 있어서 좋은 정보도 얻지만, 포기하는 이유를 더 빨리 찾기도 합니다.

노력은 정성입니다. 정성을 보이려면 노력하는 모습이 있어야 하고 주변에서 느낄 수 있어야 합니다. 문제 해결을 진심으로 추구해야 합니다. 생각하는 것과 행동하는 것에는 모두 노력이 필요합니다. "00을 갈아 넣었다"라는 말이 있습니다. 노력을 아끼지 않고 완전히 투자했다면, 결과에 아무런 아쉬움과 후회도 없습니다. 그러나 노력 없이 결과가 좋지 않으면, 노력하지 않은 부분에 대해 아쉬워하며 후회하게 됩니다. 더 심하면 남을 비판하기도 합니다.

　자신의 노력에 대한 가치를 스스로 인정하고, 노력을 통해 반드시 결과를 얻을 수 있다는 확신을 가져야 합니다. 노력을 통해 어떤 것이든 가능하다는 자신감을 가져야 합니다.
　우리에겐 초능력 DNA가 있어요, 쓰지 않으면 아까운 능력입니다. 자신의 노력과 열정을 통해 어떤 문제든지 해결할 수 있다는 확신을 가지고 노력을 해야합니다.

해결 방법을 모른다

 문제가 해결되지 않는 이유는 의외로 원인과 해결 방법을 모르기 때문입니다. 문제를 해결하기 위해서는 먼저 어떤 문제인지를 식별해야 합니다. 그러나 현상만을 보고 원인을 찾지 않아서 잘못된 처방으로 문제가 오히려 악화합니다.

 문제의 원인을 찾기 위해서는 특별한 노력이 필요합니다. 위험하고 긴급한 상황은 우선 대응하고 바로 이어서 원인을 찾아야 합니다. 쉬운 문제라면 원인을 쉽게 찾을 수 있는 데 반해, 어려운 문제는 원인을 찾기가 어렵습니다. 원인을 찾지 못하면 해결책을 모르게 됩니다.

회사에서 제일 황당한 경우는 업무지시에 대해서 알았다고 했는데, 업무의 진척이 전혀 없을 때입니다. 이런 경우는 대부분 마감 시간에 문제가 나타나게 되며, 때로는 담당자가 출근을 안 해버리는 경우도 있습니다. 사실 담당자에 대한 불만보다는 '왜 하는 방법을 모르면 물어보지 않았을까'라는 안타까움이 들기도 합니다. 모르는 것은 절대로 죄가 아닙니다. 모르는 분야를 알아가는 것이 삶임을 잊지 말아야 합니다.

모든 문제는 복잡하고 풀기 어렵습니다. 쉬운 문제는 벌써 해결되었다고 봐야 합니다. 문제의 해법을 찾기 위한 노력을 많이 해야 하고, 치열하게 문제의 원인을 파악하고 답을 찾는 노력을 해야 합니다.

원인을 모르면 해결책을 찾을 수 없습니다. 따라서 문제를 바로 알아보는 훈련이 필요하며, 평소에 중요한 데이터를 관리하고 현황을 모니터링 해야 합니다. 예상되는 위험 상황에 대비하기 위한 시뮬레이션도 해봐야 합니다. 원인을 알고 있다 해도 해결책을 모르는 경우도 있습니다. 해결을 위해 어떤 접근 방식이 적절한지 고민해야 합니다. 의사가 환자를 치료하는 방법은 다양합니다. 효과성과 효율성이 중요합니다. 맞다 틀린다를 떠나서 가능한 문제 해결책을 찾아서 시도하면 문제는 분명히 개선될 수 있습니다.

해결책을 모를 수도 있습니다. 그러기에 평소에 공부를 많이 하고 대비책을 마련해야 합니다. 모르는 문제는 해결할 수도 없고 모르는 상태에서는 어떠한 적절한 대응도 할 수 없습니다.

상호 협력이 없다

　이해를 못해서 문제를 해결할 수 없는 상황은 매우 까다롭고 절망적입니다. 하지만 문제를 해결하기 위해서는 어떻게든 일을 처리해야 합니다. 일 처리는 혼자서 하는 경우도 있지만, 대부분은 타인과 함께 일을 진행하게 됩니다. 상호 간의 협력과 소통이 필수적입니다. 일 처리하는 방법이 미숙하면 물어볼 수밖에 없는데 요즘은 잘 물어보지 않고 구글링(온라인 검색)합니다. 그런데 구글링해서 절대로 답을 찾을 수 없습니다. 물어보기 불편하더라도 함께 일하는 사람에게 물어보는 것이 제일 빠릅니다. 협력하는 사람을 잘 이해해서 관계를 잘 유지하는 것이 중요합니다.

문제를 제대로 파악하고 명확한 해결 방법을 찾는 것도 필수입니다. 문제의 본질을 파악하고, 다양한 관점에서 접근하여 해결책을 모색해야 합니다. 혼자 열심히 해서 해결되기도 하지만 유관부서와 협력하여 진행하는 경우도 있습니다. 요즘은 조직 간 사일로(silo)가 심한 편이어서 이를 풀 수 있는 협상력도 중요한 요소입니다. 상대방과의 대화와 협상을 통해 같이 상생(win-win)하는 상황을 만들어야 합니다.

요즘은 무조건적인 탑-다운(하향) 방식으로 일을 지시하는 것이 아니라, 상호 간의 협상과 의사소통이 필요한 경우가 많으며, 직장 내 업무뿐만 아니라 공부에도 적용이 됩니다. 예를 들어 공부할 때도 선생님으로부터 단순히 강의받는 것보다는 질문하고 선생님이 원하는 내용에 맞추어 공부하는 것이 더 다양한 지식을 습득할 수 있습니다. 선생님 지도를 받는 것뿐만 아니라 스스로 논리적으로 생각하고 질문하며 학습을 진행하는 것입니다. 이렇게 노력하고 상호 간에 지식을 공유하면 더욱 좋은 성적을 얻을 수 있습니다.

사람과 사람이 함께 조화롭게 살아가기 위해 상호 간 이해가 필요합니다. 서로를 이해하고 배려하는 마음으로 대화하고 협력하면 조화로운 사회를 구축할 수 있습니다. 상호 이해는 갈등을 예방하고 협력을 강화하는 토대가 되므로 우리는 꾸준히 노력을 기울여야 합니다.

문제를 파악하고 명확한 해결 방법을 찾아내기 위해서는 협상력이 필요하며, 탑다운(하향식) 방식보다는 상호 간의 협상과 의사소통이 중요합니다.

문제가 해결되지 않는 이유

부족한 정보
문제에 대한 충분한 정보가 없거나 부족하다.

소통의 부재
관련된 이해관계자 간 효율적인 소통이 없다.

자원 부족

문제를 해결하기 위해 필요한 자원(인력, 예산, 기술 등)이 없다.

복잡성과 다양성

문제가 복잡하거나 다양한 측면에서 영향을 받는 경우로 원인을 명확히 할 수 없다.

의욕의 부재

문제를 해결하려는 의욕이 없거나, 동기부여가 약하다.

과거의 경험과 선입견

현실에 맞지 않은 과거 방식을 고수한다.

문제가 해결되지 않는 이유로는 정보 부족, 소통 문제, 자원 부족, 문제의 복잡성, 의욕 부재, 과거의 경험과 선입견 등이 있습니다. 실천하지 않거나 행동으로 옮기지 않으면 문제는 해결되지 않습니다. 문제해결을 위한 실천에는 효율적인 계획, 우선순위, 자기 효능감, 변화에 대한 두려움 등이 영향을 미칠 수 있으므로 목표에 맞는 계획을 세우며, 조금씩 실천하면서 해결책을 찾아야 합니다.

실행

STEP Ⅱ.

"
하다보니 해결기미가 보인다
"

일의 크기에 따라서 접근 방법을 다르게 해야 합니다.

간단하게 처리할 수 있는 작은 일에서부터 많은 사람과 조직이 같이 움직이는 메가 프로젝트도 있습니다. 학교에서는 숙제/과제/수행평가라는 용어를 사용하고 회사에서는 수행업무/과제/TF/프로젝트라는 용어를 사용합니다. 기본적으로 같은 속성, 예를 들면 한정된 기간, 제한된 자원 등을 갖고 있어서 기한 내에 성과를 내야 합니다.

'과제화 한다'는 말은 일의 시작부터 끝까지 체계적으로 관리한다는 뜻입니다. 중간에 진행점검도 하고 이해관계자의 의견도 반영하고 공동의 목표를 위해 체계적으로 관리한다는 뜻입니다. 최근에는 프로젝트관리에 대한 도메인 지식이 집대성되고 연구도 활발히 되고 있습니다. 프로젝트관리는 공학적으로 접근이 가능합니다. 측정되고 관리되고 검증되는 일련의 절차를 통해 좋은 결과를 얻을 수 있습니다.

어떤 일을 시작하거나, 실행할 때에는 프로젝트 관점에서 관리한다면 더욱 유익할 것입니다. 쉽게 말하면 업무의 크고 작음을 떠나서 실행할 때 꼼꼼하게 챙겨보자는 의미로 봐도 됩니다.

2-1
빨리 움직이기

우선 순위

실천에 방해가 되는 걸림돌을 없애야 합니다. 실천을 주저하게 하는 장애물/걸림돌을 뛰어넘기 위해서는 빨리 움직이는 것이 중요합니다. 생각을 더 하면 계획을 잘 세울 것 같지만, 실행이 늦어지면서 하지 않을 핑곗거리를 찾게 됩니다.

일에는 대소 완급이 있습니다. 크거나 작은 일, 급하거나 급하지 않는 등 일의 성격을 확인하고 실행전략을 수립해야 합니다. 급하고 큰일이면 바로 해결해야 하고, 급하지 않은 작은 일을 굳이 빨리 처리할 필요가 없습니다.

준비하면 빨라진다

준비는 실행을 빠르게 할 수 있는 핵심적인 요소입니다. 마치 운동하기 전에 몸을 푸는 것과 같으며, 충분히 준비하지 않으면 근육에 부담이 되고 부상 위험이 커집니다. 얼마 전 탁구를 시작했을 때, 탁구를 빨리 치고 싶은 마음에 준비운동(스트레칭) 없이 바로 플레이 하다가 다리 쪽 근육이 당겨져 운동을 제대로 할 수 없었던 적이 있습니다. 이후로는 충분한 스트레칭을 통해 몸을 풀고 있는데요, 이렇듯 준비운동은 근육이 놀라지 않게 하여 부상을 예방합니다.

준비에는 실행에 필요한 것을 미리 챙겨 놓는 것도 포함됩니다. 체크 리스트를 작성하고, 시뮬레이션을 해보는 것이 좋습니다. 회의를 준비할 때, 어떤 이슈가 있는지 현황을 살펴보는 것입니다. 만전의 준비가 되어 있으면 오히려 빨리하고 싶어지기도 합니다. 여행 가기 전날 가방을 미리 준비해 놓고 아침이 빨리 되기를 기다렸던 것 처럼 완벽한 준비가 되도록 해야 합니다.

일잘러는 실행에 앞서 어떤 조건이 붙는지, 어떤 절차적인 순서가 필요한지 등을 고려하며 시나리오 기반으로 준비합니다. 예를 들어, 이것을 하면 저것을 해야 하고, 이런 경우에는 저렇게 대응해야 한다고 다양한 상황을 고려하여 시나리오별로 빨리 움직일 수 있도록 미리 준비하는 것입니다.

훌륭한 연장(Tool)은 생산성을 높이는 사기 스킬입니다. 청동보다 철이 더 강합니다. 무기도 강하지만 농기구로서의 내구성도 뛰어나서 농사의 생산성이 올라갑니다. 각종 업무를 위한 노하우(OA 활용 기술, 데이터 처리 기술 등)는 빨리 실행하도록 도와줍니다. 실행의 생산성을 높이기 위한 스킬을 연마해야 합니다.

　실행을 준비하는 과정에서 미래를 잘 준비 하도록 하는 긍정적인 효과가 있습니다. 두려움이 없었다면 인류는 발전하지 못했을 것입니다. 준비는 불확실한 미래를 대비하여 우리가 할 수 있는 최선의 노력입니다. 철저한 준비는 실행을 원활하게 하고, 위험을 최소화하는 데에 큰 역할을 합니다. 우리는 상황에 맞게 적절히 준비하는 습관을 갖도록 해야 합니다. 준비를 통해 우리는 빠르게 움직일 수 있고 보다 좋은 결과를 얻을 수 있으며, 미래에 안정적인 발전을 이룰 수 있습니다.

병행 처리하면 빨라진다

"하나를 시작했을 때 다른 일을 시작할 수 있을까요?"

충분히 가능합니다. 하나를 끝내고 다음 일을 시작하는 방법도 좋지만, 여러 가지 일을 병행하여 처리하는 것이 더 효과적입니다. 하나의 일을 진행하는 동안에도 다음에 할 일을 미리 생각하는 것은 일을 빠르게 진행하는 방법입니다. 누구와 신나게 이야기할 때 입이 따라가지 못해서, 머리 속 할 이야기가 계속 줄 서서 기다리는 상황을 겪어보았을 것입니다.

앞으로 해야 할 일이 없을 때는 오히려 불안감을 느끼기도 합니다. 워크홀릭이 아니더라도 쉬지 않고 여러 가지 일을 병행하면 시간을 효율적으로 활용할 수 있습니다. 다만, 여러 개의 일을 동시에 진행하는 것은 생산성이 떨어질 수도 있습니다. 일의 속성에 따라 전략을 달리하면 좋습니다. 일을 함께 처리하는 것이 부담되더라도 같이 할 수 있는 일은 함께 모아서 처리하는 것이 좋습니다. 유형별로 일을 묶어서 처리하면 절차나 분석 과정이 유사해서 신속하게 처리할 수 있습니다. 일잘러는 유치원에서 같은 모양을 모으는 놀이와 같이 그룹화를 잘합니다.

실행을 준비하는 과정에서 할 일 목록(pool)을 관리하는 것이 좋습니다. 우리는 할 일을 체계적으로 관리하고, 우선순위에 따라 처리할 수 있습니다. 또한 To-Do List를 계속 보고 있으면 신기하게 뜻하지 않은 아이디어와 어떤 순서로 처리할지 방법이 생각나는 경험할 수 있습니다. 할 일을 효율적으로 분배하고 조정하여 진행을 원활하게 할 수 있습니다. 일잘러는 준비 과정을 통해 할 일을 효과적으로 관리하고, 더 나은 결과를 얻도록 노력합니다.

중요한 일을 동시에 처리하는 것은 병렬처리가 아닙니다.

절차적으로 중첩되게 진행하고 하나의 일이 끝날 무렵 다른 일이 시작할 수 있도록 준비하는 정도가 좋습니다. 멀티플레이어가 되어야 한다는 마음으로 중요한 일을 분산하여 처리하면 안 됩니다. 예를 들면 멀티플레이어라고 해서 축구 경기하는 동안 전략적으로 여러 포지션의 역할을 할 수 있지만, 경기력이 저하되는 부작용이 있습니다. 다른 예로, 축구 경기가 있을 때마다 선수의 역량을 고려하여 포지션 역할을 다르게 하는 방법은 활용할 만합니다. 선수의 역량이 뛰어나면, 오늘 경기는 스트라이커, 다음 경기는 우측 윙어의 역할을 하도록 하는 것입니다.

요약하자면, 하나를 시작했을 때 다른 일을 병행하여 처리할 수 있습니다. 일을 빠르게 진행하게 하기 위해서는 미리 다음 일을 생각하는 것이 중요합니다. 일을 함께 처리하면 시간을 효율적으로 활용할 수 있으며, 유형별로 같은 일을 묶어서 처리하면 신속하게 진행할 수 있습니다. 실행하기 전에는 할 일 Pool을 체계적으로 관리하는 것이 좋습니다. 이러한 준비 과정을 통해 할 일을 성공적으로 진행할 수 있습니다.

에코시스템을 확보하라

　무슨 일을 할 때는 지원체계를 만들어 놓는 것이 좋습니다. 무모한 도전도 좋지만, 실행하는 과정에서 도움을 받을 수 있는 체계를 구축하면 더욱 든든합니다.

　"에코"라는 말은 포근하고 안전한 상태를 의미합니다. 외부 간섭으로부터 자신을 보호하고 안전한 상태를 유지하는 것을 말하는데, 일의 진행을 원활하게 해주는 동력입니다. 대표적으로 비유되는 것은 엄마 품속입니다. 실행 중에 문제가 발생하면 직접 해결하는 지원체계가 있다면 안정감이 있고 좋습니다.

　사람은 편안함을 추구합니다. 변화가 없다면 뇌는 생존을 위한 노력을 하지 않습니다. 편안함을 느끼게 되면 행동은 자유롭지만, 새로운 일에는 낯설어서 편안함을 느낄 수 없고 긴장하게 됩니다. 피할 수 있는 것인지, 아니면 어떻게 대처할 것인지 고민하는 시간입니다. 할 수 있다면 피하는 것이 최선일 수 있습니다. 그러나 실행해야 하는 상황에서 도와줄 지원체계가 있다면 긴장감에서 자신감으로 바뀌게 됩니다. 이것이 에코시스템이 갖는 장점입니다.

　전쟁 역시 환경의 영향을 크게 받습니다. "이기는 자리에서 싸워라."라는 말이 있습니다. 이것은 포지셔닝의 중요성을 강조하는 것으로, 어느 지형에서 싸우느냐에 따라 승패가 결정됩니다. 예를 들어, 오르막길에서는 높은 위치에 있는 쪽이 유리하며, 성을 지키는 사람이 공격하는 사람보다 유리합니다. 싸우기 편한 자리, 자기 몸을 방어할 수 있는 엄폐물이 있고, 많은 군량미가 있고, 치료를 할 수 있는 체계가 있다면 전투를 두려워하지 않습니다. 또한 워터파크에 구명조끼, 안전요원이 있으니까 마음 놓고 물놀이를 하는 것인데, 안전장치와 안전요원이 없다면 불안해서 놀 수 없습니다. 불안감을 줄여주는 것이 에코시스템입니다.

에코시스템은 우리의 삶 속에도 알게 모르게 자리 잡고 있는데 대표적인 것이 가정입니다. 외부에서 지칠 때 집으로 돌아와 안식을 통해 힘을 얻고, 다시 현장으로 나갈 수 있도록 도와줍니다. 이것은 거창한 의미를 갖는 것이 아니라, 실행을 완료할 수 있도록 든든하게 지원하는 시스템을 말합니다. 어려움이 있을 때, 의논할 수 있는 사람도 에코 시스템에 포함된다고 볼 수 있습니다. 아무리 어려운 상황에서도 끝까지 해내도록 응원해 주는 사람이 있다면 그것으로 충분합니다.

자신이 흔들릴 때 바로 잡아주고 용기를 줄 수 있는 사람이 최고입니다. 이런 지지와 응원은 큰 힘이 되며 자기 능력을 믿고 이뤄 나갈 수 있도록 도와주는 사람은 가장 큰 보탬이 됩니다. 그들이 함께하는 동안은 어떤 어려움이라도 이겨낼 수 있습니다. 일잘러와 함께 일할 기회가 있다면 주저 없이 바로 손을 들어야 합니다.

체력을 키우자

실행을 위해서는 체력이 중요한 역할을 합니다. 운동도 체력이 있어야 실력이 늘 수 있습니다. 체력이 뒷받침되지 않으면 계획을 세웠더라도 끝까지 실천할 수 없습니다. 어떤 일이든 결론을 얻을 때까지 끈기 있게 끌고 가는 힘(반복의 힘)이 필요하며 단순히 신체적인 체력뿐만 아니라 정신적인 각오와 결단력이 필요합니다.

육체에서 코어 근육은 배입니다. '뱃심으로 산다'는 말이 있습니다. 그러면 정신적 코어근육은 무엇일까요? 정신적인 코어 근육은 '자기 확신과 신념'입니다. 개인이 자신의 가치와 능력을 믿고, 행동과 결정을 내리는 데에 있어서 확고한 자신감과 신념을 가지는 것을 의미합니다. 외부의 영향이나 어려움에 흔들리지 않고 자신의 꿈과 비전을 추구하며 장기적인 목표를 달성하기 위해 끊임없이 노력하는 힘을 의미합니다. 자기 확신은 어려운 시기에도 자신을 믿고 전진하는 데에 큰 힘을 줍니다.

현대 사회에서는 포기하면 절대로 안 됩니다. 과거 원시 시대에는 포기하면 적 또는 동물과의 싸움에서 패배하고 생명을 잃을 수 있었지만, 현대 사회에는 포기해도 죽지 않고 삶은 계속되고 사회적으로 낙오자로 전락합니다. 사회시스템에서 떠나서 살 수 없기 때문에 애매한 관계 속에서 스트레스를 받을 수밖에 없습니다. 이러한 이유로 사회적 낙오자가 되지 않기 위해 끝까지 포기하지 말고 결론이 나올 때까지 끈질기게 밀고 나가야 합니다.

일잘러는 미울 정도로 체력도 좋고, 정신력도 좋습니다. 한 번 물면 놓지 않은 맹수와 같습니다.

어떤 일을 할 때는 다양한 어려움에도 끝까지 밀고 나가야 하고, 끈기와 근성으로 장애물을 극복하겠다는 마음가짐으로 목표를 향해 나아가야 합니다.

우리는 목표를 이루기 위해 체력과 정신력을 모두 갖추어야 합니다. 체력을 강화하기 위해서는 꾸준한 운동과 올바른 식습관을 유지하는 것이 필요합니다. 또한, 정신적인 각오를 갖추기 위해서는 목표에 대한 열정과 결단력을 가지고 자신에게 끊임없이 동기 부여해야 합니다.

중요한 과제를 맡고 있을 때는 사소한 감기라도 조심해야 합니다. 초반에 일이 진행될 때는 엄청나게 많은 정보가 오고 가고 여러 이해관계자 간의 의견이 조율됩니다. 이때 몸이 안 좋아서 휴가를 하루라도 낸다면 상황 파악을 하는 데 어려움을 겪을 수 있기 때문에, 중요한 프로젝트에 투입되었을 때는 감기도 걸리지 않도록 조심하고, 근태에 신경을 써야 합니다. 일 잘러는 이런 사소한 부분에서부터 신경을 씁니다.

끝까지 밀고 나가는 마음은 성취감과 성공을 끌어낼 수 있는 중요한 요소입니다. 어려움을 마주하더라도 포기하지 않고 최선을 다해 노력하면, 우리는 자기 능력과 실행력을 더욱 향상할 수 있고 우리는 목표를 달성하고 성취감을 느낄 수 있습니다.

요약하자면, 실행을 위해서는 체력과 정신력이 필요합니다. 끝까지 실천하기 위해서는 포기하지 않고 끈기와 근성을 갖춰야 합니다. 현대 사회에서는 쉽게 포기하면 사회적으로 낙오자가 되기 때문에 끝까지 포기하지 말고 결론이 나올 때까지 밀고 나가고, 어려움에 부딪혔을 때도 끈기와 근성을 가지고 목표를 향해 나아가야 합니다.

노력과 끈기를 통해 우리는 목표를 달성하고 성취감을 느낄 수 있습니다.

기본 자세 유지하기

　새로운 운동을 시작할 때는 자세를 정확히 배우는 것이 중요합니다. 처음에는 자세가 엉성하고 느슨하게 해도 실력에 큰 차이를 느끼지 못하지만, 시간이 지남에 따라 불안한 자세 때문에 실력이 늘지 않습니다. 단순 다이어트를 위한 운동(산책, 스트레칭 등)에서부터 고급 수준의 격투기까지, 모든 운동에서 자세가 중요하고, 또한 올바른 자세로 운동하지 않으면 예상치 못한 부상을 입을 수 있습니다. 운동은 관절과 근육을 사용하기 때문에 잘못된 자세는 특정 부위에 부담을 줄 수 있으며, 잠깐은 괜찮으나 부적절한 자세로 장시간 지속할 경우

부상의 우려가 큽니다.

   회사 동료가 최근 마라톤에 심취하고 있어서 몸에 무리가 되지 않는지 물어보았는데, 자세를 바르게 하면 러닝만큼 쉬운 것은 없다고 합니다. 사실 탁구의 경우는 좌우로 움직이다 보면 무릎에 무리가 가기도 합니다. 배드민턴의 경우는 점프까지 해야 해서 부상의 위험도 높습니다. 처음 시작할 때 조금 더디더라도 올바른 자세로 배워야 합니다. 탁구 동호회에서 15~20분 정도 코칭을 받는 것은 실력향상에 분명히 도움이 됩니다. 코치의 잔소리를 긍정적으로 받아들이면 더 잘 할 수 있지만, 비판적으로 들으면 올바른 자세를 갖추지 못하게 됩니다. 긍정적으로 생각하여 기본자세를 갖추는 데 시간을 보내야 합니다.

   어떤 일을 시작하기 전에는 올바른 자세를 취하는 것이 중요합니다. 공부할 때는 자료 수집하고 분류하는 것부터 시작하며, 업무를 수행할 때도 상황을 파악하고 문제를 식별하는 것부터 시작합니다. 어떤 일을 할 때는 기본적으로 몸에 밴 습관을 활용하게 됩니다. 특히 어려운 문제를 어떻게 처리하는지는 평소에 학습되어 습관된 행동양식에 영향을 받습니다. 좋은 자세를 갖추기 위해서는 코칭을 받거나 롤모델을 따라 해야 합니다.

일잘러는 기본기가 탄탄합니다. 그 중에 으뜸은 새로운 것을 배우는 학습력입니다. 처음 맡은 업무도 학습을 통해 최대한 빨리 자기꺼화 합니다. 일반적으로 우수한 두뇌를 가진 일잘러가 많습니다. 무서울 정도로 학습력이 뛰어납니다. 그러나 그들의 속도감을 따라잡을 비책이 있습니다. 그것은 템플릿을 활용하는 것입니다. 평소에 잘 된 보고서, 양식 템플릿, 기획 프레임 템플릿 등을 수집해 놓고 활용하면 속도감 있게 일처리 할 수 있습니다. 예를 들면, 요즘은 복사를 잘 하지 않지만, 보안이 위배되지 않는 범위에서 좋은 보고서를 확보해 두고, 이메일에서도 좋은 템플릿이 있으면 따로 챙겨서 아카이빙(저장)해 놓고 활용하면 좋습니다.

올바른 기본자세를 배우고 유지하는 것이 중요합니다.

결심하라 그리고 실행하라

결심만으로 시작할 수 있습니다. 결심하면 모든 것으로부터 영향을 받지 않고 시작할 수 있습니다.

결심했다는 것은 하기로 했다는 강한 의지로 실행 추진력을 갖게 됩니다. 힘들어도 버텨보겠다는 마음으로 시작할 수 있습니다. 물론 결심이 없어도 할 수 있지만, 결심하면 90% 이상은 이미 성공한 것으로 볼 수 있습니다. 우리나라 사람은 먹는 것에 진심이어서 마음도 먹습니다. 마음을 먹으면 해 낼 수 있습니다. 한편, 결심과 행동은 별개로 보아야 합니다. 결심한다고 해서 바로 행동을 한 것은 아닙니다. 많은 사람은 결심하고 멈추는 경우가 많지만, 명확하고 크게 다짐했다면 어떠한 어려움도 개의치 않고 행동 할 수 있습니다.

노트에 적은 To-Do List는 실행이 된 것이 아니고, 잘 만들어진 기획서도 실행이 된 것이 아닙니다. 행동으로 옮겨 졌을 때, 실행이라 말합니다.

작심삼일, 72시간이 흐르면 엄청난 회복탄력성으로 원래 모습으로 돌아와 버리기도 합니다. 사필귀정이라는 말로 위로를 하지만, 결국 작심삼일도 100번만 한다고 하면 300일로, 1년 동안 하게 된 것입니다. 단, 동일한 주제여야 합니다. 그러면 반드시 하고자 하는 일은 이루게 될 것입니다.

결심한다는 것은 준비 상태가 완료되었다는 의미입니다. 우선 결심을 통해 시작하고 충분히 준비하고 행동에 옮겨야 합니다. 일잘러는 결심할 때 꼭 한 번 확인하는 것이 있습니다. 그것은 목표입니다. 무엇을 해야 하는지 우선 파악하고 어떻게 할 것인지 결심을 하는 것입니다. 막연한 결심은 절대로 결과물을 만들어내지 못합니다.

결심만으로도 시작할 수 있습니다. 결심하면 강한 의지와 힘을 갖게 됩니다. 힘들어도 버텨보겠다는 마음가짐이 생깁니다. 하지만 결심한다고 해서 바로 행동을 한 것은 아닙니다. 결심을 명확하게 했다면 어떠한 어려움도 개의치 않고 행동으로 옮길 수 있습니다. 결심한다는 것은 준비상태가 완료되었다는 의미입니다. 준비 없는 행동은 실수를 유발하기 때문에 충분히 준비한 후에 행동(도전)해야 합니다.

기업가 정신 : 죽기 살기로 실행하라

　기업가 정신은 죽기 살기로 열심히 노력하는 것을 의미합니다. 어느 신문 칼럼에서 흥미로운 내용을 읽었는데, 그 내용은 기업가 정신이 필요하다는 것이었습니다. 경영 마인드, 기술 경영, 기업 윤리 등을 강조하는 것이 아니라 열심히 일하며 죽기 살기로 노력하는 것이 중요하다는 내용입니다.

　현대그룹 창업자 정주영 회장에 대한 예화는 대한민국 사람이라면 많이 읽고, 듣고, TV를 통해 보기도 했습니다. 요즘에 나올 수 없는 성공 신화이지만, 만약 정주영 회장이 죽을 각오로 노력하지 안 했다면 이 또한 불가능했습니다. 과거와 현재의 환경이 다르기 때문에 상황이 다르다고 주장하는 사람도 있습니다. 근본적인 핵심은 죽을 각오로 실천에 옮겼다는 것입니다.

어떤 일을 시작할 때는 실행을 고려하여 계획을 세워야 합니다. 실행이 고려되지 않은 계획은 효용(활용) 가치가 없습니다. 꿈은 크고 희망찬 계획이더라도 별다른 성과가 없는 경우로 이어질 수 있습니다. 좋은 결과를 얻으려면 실행 단계에서 지속적인 노력으로 방향을 유지해야 합니다. 힘들다고 포기하거나 쉽게 방향을 변경하면 좋은 성과를 이루기 어렵습니다. 요즘에는 죽기 살기로 노력하는 사람은 흔하지 않습니다. 그래서 일잘러를 꿈꾸는 자에게는 꼭 필요한 스킬셋입니다.

준비 단계와 계획 단계에서부터 죽기 살기로 열심히 일할 자신(마음)이 있는지 충분히 생각해야 합니다. 대충 어떻게 될 거라는 생각으로 시작한다면 과정이 순탄하지 않을 것이고 결과를 얻는 시간도 오래 걸리고, 막상 얻게 되는 결과물의 품질도 좋지 않을 것입니다.

꿈을 구체적으로 설정하고 그것을 반드시 이루겠다는 마음가짐을 갖는 동시에 철저한 준비를 해야 합니다. 급한 마음으로 실행하면 고려하지 못한 이슈로 인해 어려움을 만나게 되어 아무리 좋은 꿈이라도 중간에 포기하게 될 수 있습니다.

현대 사회에서 (조금 뒤떨어진 발상일 수 있지만,) 죽기 살기로 열심히 공부하고 일하고 운동하는 등 노력을 한다면 결과는 더욱 명확해질 것입니다.

일잘러는 열심히 일합니다.

열심히 일하고 노력하는 자세는 어떤 분야에서든지 좋은 성과를 끌어내는 데 도움이 될 것입니다. 열심히 하는 사람은 멋있어 보입니다. 때로는 선후배를 떠나서 존경스럽기도 합니다.

긍정적으로 좋은 것만 생각하기

　새로운 일을 시작하기 전에는 좋은 징조와 나쁜 징조를 주의 깊게 살펴봐야 합니다. 우리는 주변의 변화에 민감하게 반응하는 경향이 있는데 만약에 좋은 징조가 있다면 우리는 힘을 얻습니다. 새로운 일을 시작하는 데 긍정적인 에너지를 얻을 수 있습니다. 그러나 나쁜 징조가 있다면 우리는 기분이 좋지 않습니다. 미신을 믿지는 않지만 기분이 좋지 않습니다. 애매한 두가지 선택 질문에서 선택을 할 때는 될 수 있으면 좋은 것을 선택해야 합니다. 굳이 부정적인 내용을 고려할 필요 없습니다. 결심하고 실천하여 올바른 결론을 얻도록 노력하면 됩니다.

일잘러는 새로운 일을 시작할 때는 결심한 대로 긍정적인 면을 먼저 생각합니다. 좋은 것을 보고 가는 것만으로도 시간이 부족합니다. 일단 시작했다는 것은 그만큼 많이 고민했다는 것을 믿어야 합니다. 치열한 경주에서 뛰다가 중간에 멈춘다면 경기에서 이길 수 없습니다.

준비할 때는 많이 고민합니다. 다양한 요소를 살펴보고 좋은 점과 나쁜 점을 구분하며 전략을 세웁니다. 이런 준비 과정을 거치면서 우리는 점점 명확한 시각을 갖게 되는데 실행 시점이 다가올수록 자신감이 생기기도 하지만 불안감도 함께 몰려옵니다. 사실 불안감은 나쁜 것이 아닙니다. 오히려 우리가 더 준비하고 조심스럽게 나아갈 수 있도록 도와줍니다. 불안감은 좋은 촉진제 역할을 할 수 있습니다.

일잘러는 합리적 낙관론자입니다. 절대로 부정적인 말은 하지 않습니다. 일이 될 수 있는 조건을 언급하면서 어떻게든 일이 잘될 거라는 의견을 이야기합니다. 사실 어려운 프로젝트에서는 거짓 긍정으로 망칠 수 있지만, 사업 초기에는 '~하겠다'라는 멘트는 거짓말이 아니라, 의지이고 다짐이고 결심입니다. 나중에 일이 진행되면서 어려운 부분이 나오면 그때 다시 논의하고 방향성을 잡으면 됩니다. 절대 처음부터 부정적인 의견을 내서는 안 됩니다.

긍정적으로 시작한 일을 기분 좋게 열심히 진행하면 됩니다. 세상에는 정답이 없습니다. 당장 시작하고 조금씩 조정하며 앞으로 나아가는 것이 중요합니다. 북극성은 항상 변하지 않는 고정된 위치에 있기 때문에 우리가 잠시 길을 잃더라도 나침반을 이용하여 방향을 찾고 다시 나아갈 수 있습니다.

긍정적으로 시작한 일을
기분 좋게 열심히 진행하면 됩니다

2-2
문제 해결 중심 이해하기

끝까지 살아남기

회사는 크고 작음을 떠나서 자선단체가 아니고 이익을 내야만 살 수 있는 이익단체(법인)입니다. 따라서 회사에서 일하는 회사원은 성과를 내고 월급을 받아야 합니다. 일명, 밥값을 하는 것입니다. 보통 회사에서 주어지는 일은 기본적으로 문제를 해결하거나, 문제를 예방하는 활동입니다. 회사생활은 문제해결 중심으로 실행해야 합니다. 문제를 해결하는 자는 남을 것이고 해결하지 못하는 자는 떠날 것입니다.

벤치마킹 : 비교하라

문제 해결을 위해서 우선 해볼 수 있는 것은 비교해 보는 것입니다. 문제 해결하는 방법을 빨리 찾으면 몸과 마음이 한결 편안해지기 때문에 남들과 비교해서 더 나은 해결책(절차 단순화, 비용 최소화 등)을 찾아야 합니다. 평소에 하던 대로 빠르게 처리하는 것이 좋다고 생각할 수 있지만, 처리 절차를 단순화하여 불필요한 단계를 제거할 수 있다면 그만큼 시간을 절약할 수 있고, 다른 일을 더 할 수 있습니다.

비교하지 않으면 성장할 수 없습니다.

도량의 치수를 통일하고 표준화하는 이유는 정확한 측량을 통해 불필요한 분쟁을 없애기 위함입니다. 명확한 기준을 설정하고 서로 비교하다 보면 무엇이 부족한지 알게 되어 해결할 수 있습니다. 일을 처리하는 절차에서 단순화하고 효율적으로 하는 방법이 있다면 개선점을 찾아서 숙달해야 합니다. 공부나 업무 모두 해당하는 내용입니다.

장사를 한다고 가정하면, 해당 지역에서 동일 업종의 현황을 우선 조사해야 합니다. 어떻게 장사를 하는지, 인테리어는 어떤지, 음식 맛은 어떤지 등등을 철저하게 비교해야 합니다. 장사 관련 유명인들의 견해도 비교를 통해 얻은 경험에서 나오는 것입니다. 비교하면서 성공의 법칙을 발견한 것입니다. 일 잘러의 특징은 비교검증을 잘한다는 것입니다. 과제에 참여했다면, 자체적인 현황을 파악하는 것도 중요하지만 제3자 비교가 가능한 대상을 찾아야 합니다. 우리보다 잘하고 있는 대상과 비교해서 어떤 것이 문제인지 파악하는 것입니다. 상대적으로 부족한 부분이 발견되었다고 슬퍼하거나 분노할 필요는 없습니다. 남들보다 부족하게 나온 것은 현재 수준을 알려주는 것으로, 그 차이를 극복하여 상대방만큼 성장하면 그만입니다. 남들과 비교하며 배울 점을 찾고, 그것을 개선하기위해 노력하면 됩니다. 어떤 부분에서 부족한지 알고 개선해 나가는 과정은 자기 발전을 위한 소중한 시간입니다. 열등감은 성장의 불씨입니다. 잘 관리하면 더 좋은 성장을 만들어 냅니다.

일잘러는 열등감을 잘 관리하고 에너지화 합니다.
열등감이 열등감으로 끝나면 낙오자입니다. 열등감을 가지고 있는 사람은 다른 사람보다 현실을 극복하기 위한 인내력이 높습니다. 당장 넘어서야 할 대상이 눈앞에 있으니 더 속도감 있게 실행할 수 있습니다. 성공이후 열등감이 자만심이 되면 안 됩니다. 선한 목적을 가지고 자기 성장을 도모해야 합니다.

"벤치마킹(비교하라)"를 활용하는 구체적인 문제해결 방법은 상황, 해결책, 목표, 효과를 비교하는 것입니다. 비슷한 상황이나 문제에 대해 다양한 해결책을 고려하며 장단점을 비교합니다. 개인적인 강점과 약점을 고려하여 목표달성에 적합한 방법을 찾아서 평가합니다.

유일한 해결 방법 : 시행착오

정확하고 맞는 결정을 하기 어려울 때는 진행하면서 조정하는 것이 맞습니다. 주어진 시간 내에서 최대한 효율적인 선택을 하는 것이 중요합니다. 만약 잘못된 결정을 내렸다면 빠르게 조정하고 다시 시도함으로써 반복 작업을 최소화하여 실수를 줄일 수 있습니다. 시도하지 않으면 아무 일도 일어나지 않습니다.

플로리다 대학교에서 '양적 집단'과 '질적 집단'으로 나누어서 실험을 했는데 같은 시간 동안 여러 번 시도하면서 방법을 찾는 '양적 집단'이 최선의 방법을 찾기 위해 연구, 조사하며 시간을 보낸 '질적 집단'보다 학습력 측면에서 더 우수했다고 합니다. 시간보다는 시도 횟수에 비례하여 성과가 더 나온다는 것을 발견하였습니다.

하면서 생각하는 것이 중요합니다. 생각하고 행동하는 것보다는 무엇이든지 하면서 생각하는 것이 순서적으로 좋습니다. 가만히 생각하는 것은 잠깐만 해도 충분합니다. 행동하지 않고 생각하면 잡생각이 들어오게 되고, 하지 말아야 할 조건만 생각나게 되어 실행으로 옮기는 데 필요 이상의 많은 에너지를 사용하게 됩니다.

일잘러는 은근히 행동파이면서 사고능력이 뛰어납니다. 문제해결 관점에서 모든 것을 바라봅니다. 어떤 원인으로 이슈가 발생이 되었고 어떻게 해야 문제를 해결할 수 있는지 생각하면서 바로 적용을 해보는 적극성이 있습니다.

시행착오는 반드시 있습니다. 완벽한 의사결정은 존재하지 않습니다. 중요한 것은 부작용을 어떻게 잘 관리하고 줄일 수 있을까? 입니다. (AI 기술이 고도화되면 다양한 시뮬레이션을 해보면 개선될 수 있으나, 미래를 예측하는 것은 불가능합니다. 일기예보도 부정확하듯 세상일은 변화무쌍합니다.) 충분한 연습과 훈련을 통해 실수를 줄일 수 있습니다. 그래서 일상생활에서도 미리 상황을 예측해 보는 것입니다. 아무 일이 일어나지 않은 좋은 시기에 나쁜 시기를 대비하는 방법입니다. 미리 생각하고 준비하는 것은 어려운 상황을 피하는 길입니다. (조금 과한 비교이지만,) 평화의 시대에 전쟁을 준비하는 것과 같습니다. 전쟁이 나면 승패를 떠나서 당장의 생존위험에서 탈출하기 위해 모두 열심히 싸울 수밖에 없습니다. 그러나, 미리 준비하고 연습이 되어 있다면 더 효율적으로 위험을 없애고 적을 빨리 제압할 수 있습니다.

일반적으로 스타트업 기업에서는 서비스 또는 제품을 MVP(Minimum Viable Product) 버전으로 만들어서 시장에 출시하여 반응을 살피고 추가 기능개선을 합니다. 어떤 보고서이든 전략적 실행이든 처음부터 완벽할 수 없습니다. 최종 보고서는 초안부터 수많은 수정본을 거쳐 완성됩니다. 처음부터 완성본을 걱정하면서 보고서를 만들 필요가 없습니다. 초안 수준에서 이해관계자의 의견을 받아서 지속해서 수정하면 됩니다.

일잘러는 여러 번 반복 작업하는 것에 대한 거부감이 없습니다. 밉도록 즐기기도 합니다.

듣고 이해하고 지시해라

먼저 듣고 이해하려고 노력해야 합니다. 무턱대고 실행해도 어느 정도 해결될 수 있지만, 그 문제 해결 과정이 오래 걸립니다. 모르는 영역에서는 먼저 듣고 상황을 파악하는 것이 우선입니다. 앞에서 언급한 것처럼 주변상황을 모르면 불안하여 쉽게 행동할 수 없습니다. 내용 파악이 되어야 에코시스템을 만들 수 있습니다.

이해하는 시간이 제한적으로 주어지기 때문에 경쟁이 치열한 사회에서는 시간을 효율적으로 활용해야 합니다. 즉, 일할 수 있는 시간(24시간)이 낮과 밤으로 나누어지기 때문에 한정된 시간 안에 문제를 해결해야 합니다.

일잘러는 충분히 보고 듣고 이해합니다. 시각적인 정보를 통해서도 알 수 있지만, 아직 표현되지 않은 부분이 있을 수 있으므로 꼭 물어보고 들어봐야 합니다. 직접 질문을 하거나, 잘 작성된 문서를 꼼꼼히 읽어 내용을 명확히 이해해야 합니다.

스스로 해결하는 것도 좋지만, 시간이 부족하다면 다른 사람에게 도움을 요청하거나 지시/위임할 수 있습니다. 다른 사람에게 부탁하거나 지시하는 일은 어려워하는데 사실 어렵지 않습니다. 우선 내가 이해한 것을 잘 전달하여 예상 결과가 나오도록 해야 합니다. 다만, 먼저 이해하고 요청해야 하므로 어렵다고 생각할 수 있습니다. 정황, 배경, 현상을 명확히 이해하고 문제의 핵심을 잘 파악하여 해결하는 방향으로 알려줘서 실행되게 해야 합니다. 이를 통해 효과적으로 문제를 해결할 수 있습니다.

일잘러는 상황을 이해하는데 뛰어난 능력을 갖추고 있습니다.

생각하고 행동에 옮겨라

생각 없는 행동은 망하기 쉽습니다. 요즘 말로 폭망입니다. 생존을 위협받는 급박한 상황에서는 생각 없이 즉시 행동해야 하지만 대부분의 행동에는 생각이 필요합니다. 어떤 것을 해야 하는지에 대한 고민이 있어야 합니다.

아무 걱정 없이 즐겁게 시간을 보내기도 하지만, 새로운 일을 하거나 어려운 일이나 복잡한 일을 처리할 때는 생각을 먼저하고 행동해야 합니다. (하기 싫어도 자연스럽게 생각하게 되어 있습니다) 그 이유는 문제가 해결되지 않거나 오래 걸릴 것 같은 걱정 때문입니다. 일을 앞둔 상태에서 이런 부분 때문에 극심한 스트레스를 받습니다.

'계획이 없으면, 동그라미 그리려다 오빠 얼굴 그립니다.'
생각 없는 행동은 결과 만족도가 미흡하고 품질이 낮습니다. 누구나 동일한 시간을 투자하고 더 많은 결과를 얻고자 하고, 누구나 중요한 일에는 허투로 행동하지 않기 때문에 만약 생각 없이 행동 하면 경쟁자와 비교해서 그냥 그런 결과물이 나옵니다. 전략적으로 행동하는 사람과 비교해서 성과에서 품질의 차이가 나타날 수밖에 없습니다.

공부하더라도 선생님 입장에서 어떤 문제를 출제할 것인지 생각하고 기출문제로 분석을 하듯, 보고서 작성에서도 보고 받는 상사 입장에서 주어진 문제의 해결 방안을 작성하여야 합니다. 대화는 자기가 말한 내용을 상대방이 듣고 이해해야 합니다. 상대방의 이해가 없는 경우는 자기주장이고 그냥 외침에 불과합니다. 즉, 기업에서는 설득하고 설명하는 것이 업무임으로 최대한 상대방 입장에서 생각해 보고 행동해야 합니다.

일잘러는 철저하게 상대방 입장에서 생각하고 행동합니다. 고객이든 상사이든 상관없습니다. 무조건 상대방 입장에서 생각합니다.

　생각 없는 행동은 피곤합니다. 빨리 끝낼 수 있는 일임에도 불구하고, 무지한 행동으로 일을 복잡하게 해서 재작업하는 상황으로 바꿔 놓습니다. 동일한 기능을 하는 컴퓨터 소프트웨어의 경우에도 개발자에 따라 처리 시간이 다릅니다. 내부 로직을 깔끔하게 논리적으로 만든 개발자는 성능이 뛰어난 프로그램을 구현합니다.

　업무, 공부, 취미 생활에서도 가끔은 행동하기 전에 충분히 생각해 보고, 미리 계획을 세우고 결과를 예측해 보는 것입니다. 이를 통해 효과적으로 시간을 활용하고 원하는 목표를 달성할 수 있습니다.

꼭 집어서 이야기 해라

'어떻게 되겠지.'라는 마음으로 무엇인가를 하는 것은 좋지 않습니다. 필자 역시 세밀한 계획을 세우고 실천하는 스타일은 아니지만, 급한 의사결정이 필요한 경우에는 명확하게 누가 무엇을 해야 하는지 설정하고 지시합니다.

심폐소생술은 심정지 환자의 생명을 구하기 위한 긴급한 조치입니다. 심폐소생술은 일반인도 할 수 있으며 전문 응급요원이 오기까지 생명을 유지하는 유일한 방법입니다. 회사에서 직접 참여하여 배울 기회가 있었습니다. 그냥 시청각 자료를 통해서 배우는 것이 아니라 직접 교보재를 활용하여 실습했는데 응급 상황이 발생하면 충분히 할 수 있을 것 같습니다.

심폐소생술 절차는 ①환자 확인 〉 ②구급 요청 〉 ③호흡 확인 〉 ④가슴압박 〉 ⑤인공호흡(생략 가능) 〉 ⑥구조요원이 올 때까지 계속 가슴 압박과 인공호흡을 반복합니다. ②구조요청은 주변 사람에게 막연하게 "119 신고해 주세요'라고 하는 것보다, 주변을 살피고 "흰색 티를 입고 안경 쓰신 분, 119에 신고해 주세요"라고 구체적으로 요청을 해야 합니다. 이렇게 하는 이유는 구체적으로 지목 받은 사람은 의무감을 가지고 명확하게 더 신속하게 신고를 할 수 있기 때문입니다.

일잘러는 (얄미울 정도로) 필요한 부분을 정확하게 부탁하거나 지시합니다. 보통은 서로 업무간섭을 피하기 위해서 도움/지원요청을 하지 않지만, 일잘러는 수단과 방법을 가리지 않고 도움을 요청합니다. 업무요청이 어려우면 보직 간부 또는 경영진에 요청해서 부서원의 협조를 끌어냅니다. 사실, 상사/리더의 협조를 끌어내기 위해서는 왜? 이 일을 해야 하는지 설명해야 하는 부담은 있으나, 이해되기 쉽게 설명하고 동의를 구하고 협조를 끌어냅니다. 얄밉지만 뭐라고 말할 수 없습니다. 회사의 이익을 위한 도움 요청으로 거절할 명분이 없습니다.

꼬집어서 이야기하지 않으면 지켜지지 않을 확률이 높습니다. 누가 무엇을 언제까지 해야 하는지 명확하게 알려주고, 그 기준에 따라 점검해야 합니다. 이 부분은 자기 자신에게도 해당합니다. 무의미하게 시간을 보내지 말고 무엇을 해야 할지 결정하고 움직이는 것입니다. 가끔은 자신에게 선언적인 말로 동기를 부여해야 합니다. 동기는 부여하는 것이지 받는 것이 아닙니다. "오늘은 이걸 할 거야" 또는 "오늘은 이것은 꼭 할 거야"와 같이 자기 자신에게 명확하게 선언하는 것이 중요합니다. 엣지 있는 태도로 이야기하지 않으면 결코 성취감을 느낄 수 없을 것입니다.

자신의 목표를 매일 3번씩 노트에 쓰는 사람이 성공하는 이유입니다.

어찌됐든 앞으로 가게 해라

총알은 앞으로만 나가면 됩니다. 과녁을 맞힐 수 있다면 좋겠지만, 실력이 부족하다면 전방에 있는 적을 향해 총을 쏘는 것으로 충분합니다. 중요한 것은 전진하는 것이며, 앞으로 나아가는 것입니다.

무엇인가 미리 알고 진행하는 사람은 없습니다. 물론 일부 사람은 한두 수를 내다보고 실행하는 경우도 있지만, 예상치 못한 일이 수시로 발생합니다. 그럴 때도 어떻게 되든 앞으로 나아가야 합니다.

북극성을 따라가든, 랜드마크를 따라가든 중요한 것은 '방향이 맞는가?'입니다. 나침반은 항상 북쪽을 가리키기 때문에 지도와 나침반만 있다면 어디에 있든 길을 찾을 수 있습니다. 지도가 없더라도 한쪽을 정하고 일관되게 진행한다면 뱅뱅 돌면서 고립되는 상황은 없어집니다.

앞으로 한 발짝 전진하는 것이 중요합니다. 앞으로 나아갔다는 것은 진행이 된 것입니다. 멈춰서 생각하는 것은 괜찮지만, 뒤로 물러서는 것은 바람직하지 않습니다. 일단 앞으로 가야 합니다. 큰 방향이 맞는다면 앞으로 나아가면서 생각하면 됩니다. 그 방향은 조직 및 경영진이 정해줍니다. 조직의 목표가 명확하면 집단의 행동력은 올라갈 수 있습니다.

어려운 이슈가 있을 때 혼자 고민하지 말고 회의 테이블에 올려놓아야 합니다. 스스로 해결하지 못한다는 부정적인 인상을 줄 수 있으나 해결되지 않는 이슈를 들고 있으면 더 큰 문제가 생기기 때문에 빨리 회의 테이블에 올려서 논의되어 방향을 잡고 해결될 수 있도록 해야 합니다.

즉, 문제는 해결되도록 어떻게든 핸들링(취급)해야 합니다. 바람 부는 반대 방향으로 돛을 올려야 배는 앞으로 갑니다.

현황만 제대로 공유해도 문제가 해결되기도 합니다.

실행하라 : 앞뒤가 똑같다

'**어떻게 할 것인가**'는 우리가 많이 고민하며 던지는 질문입니다. 우리는 최적의 답안을 찾기 위해 노력하고, 가능한 한 적은 노력으로 최대한의 이익을 얻을 수 있는 방법을 찾기 원합니다. 인류가 진화해 오면서 가성비를 중시하였습니다. 그러나 결국 큰 차이가 없다는 사실을 알게 됩니다. 우리가 처음 계획한 대로 진행되는 경우는 거의 없습니다.

우리는 목표를 향해 지속해서 튜닝하면서 나아가는 것이고, 장애물을 만나면 때로는 포기하기도 하지만 극복하여 전진하기도 합니다.

방법과 절차를 충분히 고려하고 준비한 후에 출발하면 효율적으로 일을 진행할 수 있습니다. 그러나 이것은 모든 계획이 맞아 떨어지는 경우로 볼 수 있으며 단기적인 과제에 대한 답으로는 괜찮을 수 있지만 장기적인 과제에서는 계획이 항상 맞지 않을 수 있습니다. 중간에 만나는 어려움과 장애물에 의해 일정이 지연될 가능성이 높습니다. 무턱대고 진행하는 것은 문제가 될 수 있습니다. 하지만 큰 그림을 기준으로 실행하면서 계획을 조금씩 수정해 나가는 것은 괜찮은 방법입니다.

일잘러는 절대로 길을 잃어버리지 않습니다.
순서를 떠나서 제일 중요한 것은 방향입니다. 바다에 있는 어부는 등대의 불빛을 보고 항구로 돌아오고, 밤하늘의 북극성은 많은 여행자(동물뿐만 아니라 사람에게도)에게 길을 잃지 않게 해줍니다. 등대의 불빛이 꺼지게 되면 길을 잃을 수밖에 없습니다. 그러나 요즘은 GPS가 있어서 등대의 도움이 없고 다양한 정보를 활용하여 길을 찾습니다. 그래서일까요? 점점 명확한 기준이 없어지는 시대가 되었습니다. 기준이 없으면 방황하게 되어 있습니다. 혼돈의 시대에서 과학의 힘으로 새로운 기준을 만들었으나, 다시 과학의 힘으로 다양한 지식과 정보로 혼돈의 시대로 되돌아가고 있으며 다시 철학에 대해 고민하는 시대가 된 것 같습니다.

앞으로 나아가는 방향이 중요합니다. 우리가 전진하는 것은 진행이 된다는 의미입니다. 때로는 멈춰서 생각하는 것도 괜찮습니다. 그러나 뒤로 물러서는 것은 바람직하지 않습니다. 일단 앞으로 나아가야 합니다. 큰 방향이 맞는다면 앞으로 나아가면서 생각하고 조처를 해야 합니다.

앞에서 진행하든 뒤에서 진행하든 작업 결과는 동일합니다. 물론 작업을 앞에서부터 진행하거나 뒤에서부터 진행하면서 순차에 따른 앞뒤가 있을 수 있습니다. 하지만 전체적으로 작업량을 줄이는 측면에서는 동일합니다. 따라서 너무 많은 고민으로 시간을 낭비하지 말고, 실행에 옮기는 것이 중요합니다. 잠깐의 고민은 괜찮지만, 그 고민이 길어질수록 행동할 에너지는 사라지게 됩니다. 열정이 식게 됩니다. 그래서 우리는 고민을 한정된 시간만 하고, 그 이후에는 결정을 내리고 실제로 행동에 옮기는 것이 중요합니다.

또한, 고민과 행동 사이에는 상호작용이 있습니다. 고민을 통해 문제를 분석하고 해결책을 모색하는 것은 중요한 과정입니다. 그러나 과도한 고민에 빠진다면 행동에 대한 에너지와 의지가 약해질 수 있습니다. 따라서 일정 시간의 고민을 허용하되, 그 후에는 결정을 내리고 행동으로 옮기는 것이 필요합니다.

우리는 고민과 행동을 균형 있게 조화시켜야 합니다. 고민을 통해 문제를 분석하고 해결책을 모색하되, 너무 오랜 시간을 허비하지 말고 결정을 내리고 행동에 옮기는 것이 중요합니다. 이렇게 하면 우리는 원하는 목표에 더 가까워질 것입니다.

유지

STEP Ⅲ.
"문제가 해결되는 기분"

일을 시작하고 나면 딱 두 가지로 나누어지는데 잘되거나 안되거나입니다. 사실 처음부터 안되는 것을 예상하는 사람은 없습니다. 동네 치킨집이 개업할 때 망할 것을 예상하고 시작하는 사람은 없습니다. 그런데 대부분 문을 닫습니다. 여러 가지 이유가 있겠지만, 계속 잘 되도록 유지하지 않았기 때문입니다. 처음에 잘 나가다가 인기가 떨어지는 연예인에게도 해당되고 조직 내에서 승승장구하다 슬럼프에 빠지는 회사원에게도 해당합니다. 겸손한 자세를 유지하고 새로운 것을 항상 배운다는 삶의 자세로 살아야 하는 이유입니다.

3-1
초심을 잃지 않기

처음을 기억하라

흔들림으로 균형이 무너집니다. 처음 마음이 약해지거나 없어지면 방향을 잃게 됩니다. 자신이 처음에 시작했던 동기가 사라지는 순간에 꿈도 실행력도 사라지게 됩니다.

문제의 근원 : 학습 / 실천 부족

문제는 앞에서 일관되게 말했듯이 생각만 하고 실천하지 않아서 생기는 것입니다. 문제가 발생하면, 대응 노력(실천)을 하면 해결될 수 있습니다. 문제를 해결하겠다는 진지한 태도로 문제를 처리하다 보면 조금씩 해결되고 일에 대한 스트레스도 점점 줄어듭니다.

문제가 발생할 것을 미리 알면서도 방치하는 경우가 많습니다. 하인리히의 법칙에 보면 수많은 전조증상 이후에 큰 사고가 발생한다고 합니다. '저거 문제가 될 것 같은데', '어, 이상한

데' 등등 정상적이지 않은 현상을 보면서도 생각만 하고 대비는 하지 않습니다.

일잘러는 문제가 생겼을 때, 해결하기 위한 고민과 실질적인 조처를 합니다. 고민하고 걱정만 하는 것은 바람직하지 않고 문제의 본질을 파악하여 가능한 해결책을 찾아내는 것입니다. 우리는 멈춰버린 행동 인자를 깨워야 합니다. 생각만 해서는 아무것도 이룰 수 없습니다. 세상을 움직이기 위해서는 물리적인 힘을 발휘하는, 즉, 직접적인 행동이 필요합니다. 다른 사람에게 지시를 내려야 할 수도 있습니다. 문제 해결에 있어서 단순히 모니터링만 하는 것은 생산성이 떨어집니다. 물리적인 움직임을 통해 긍정이든 부정이든 변화가 일어나므로, 관심을 갖고 어찌 됐든 문제 해결의 효율성을 높여야 합니다.

문제는 움직임이 없는 상태 또는 잘못된 방향으로 움직여서 발생합니다. 문제는 주로 우리의 부주의, 태만, 미비한 조치 등으로 인해 발생합니다. 따라서 문제를 해결하기 위해서는 움직이고, 대응조치하며, 실질적인 변화를 끌어내야 합니다. 문제의 원인을 제거하면 다가올 문제를 예방할 수 있습니다. 문제 해결에는 끊임없이 학습하고 알아가는 것이 필요합니다. 우리는 문제를 마주할 때마다 새로운 지식과 기술을 습득하고, 경험을 쌓아서 효과적으로 문제를 해결할 수 있도록 해야 합니다.

작은 기업에서는 주변에서 설명해 주거나, 알려주지 않아서 스스로 해결 방법을 찾아봐야 하는 압박을 느낄 때가 있습니다. 하나씩 방법을 찾고 개선하면서 나름대로 노하우를 축적해 나갑니다. 불평불만 하지 않고 마땅히 해야 하는 일이라면, 죽고 사는 문제가 아니라면 참으면서 공부하고 문제를 해결하거나 예방하는 활동을 지속하는 일잘러가 되어야 합니다.

문제는 생각만으로 해결되지 않습니다. 우리는 문제를 인식하고, 움직임을 통해 해결책을 찾아내며, 지속적인 학습과 발전을 통해 미래의 문제를 예방해야 합니다.

자기 성공담을 이야기하라

　남의 성공담을 그냥 무미건조하게 퍼 나르는 사람이 있습니다. 이런 사람은 누가 그걸 해보니 좋다든지, 하면 안 된다든지 다분히 누구의 의견을 전달만 합니다. 즉, 이러한 태도는 생산성이 절대적으로 제로입니다.

　일잘러는 자신의 성공담이나 경험담을 이야기합니다. 자신의 이야기를 통해 전달력과 설득력을 높입니다. 자신의 잘난 점을 자랑하는 것이 아니라, 어려웠던 부분을 어떻게 극복했는지 이야기해야 합니다. 현재 어떤 어려움에 직면하고 있는지 현황을 솔직하게 말할 수 있어야 합니다. 이런 이야기는 듣는 사람으로 하여금 호기심을 자극합니다. 이 호기심으로 그 사람을 움직이게 할 수 있고 내 편으로 만들 수 있습니다. 자기 말을 듣지 않는 사람에게 어떤 부탁 또는 지시하는 것은 불가능합니다.

부자 또는 성공한 사람은 이기심과 이타심을 동시에 갖고 있습니다. 성공을 위해 이기심을 활용했다고 하더라도 성공 이후에는 본인의 경험을 알려주고 싶어 합니다. 남의 이야기가 아닌, 자신의 성공담을 알리고 싶은 것입니다. 이런 종류의 책 또는 영상프로그램은 인기가 높습니다. TED, 세바시 등 강연장에 나와서 이야기하는 사람은 모두 자기의 스토리입니다.

"이렇다더라, 저렇더라" 식의 발언은 전혀 도움이 되지 않습니다. 직접 해본 경험을 말해야 합니다. 직접 체험하고, 느낀 점을 이야기할 기회를 만들어야 합니다. 이렇게 함으로써 우리는 더욱 실질적인 도움과 가치를 전달할 수 있습니다.

또한, 성공과 실패는 둘 다 소중한 경험입니다. 성공담만 전달하는 것이 아니라 실패담도 나누어야 합니다. 실패한 경험을 통해 어떤 교훈을 얻었는지, 어떤 반성과 성장을 경험했는지 이야기하여 더욱더 현실적이고 실용적인 조언을 제공할 수 있을 것입니다. 실패 사례를 말하는 것은 겸손한 마음에서 나옵니다. 누군가 자신의 부족했던 점, 실패했던 점을 말해준다면 겸손한 사람으로 봐도 됩니다. (다만, 과한 겸손은 교만보다 못합니다.)

마지막으로, 우리는 자기 경험을 통해 진실성과 신뢰성을 보여줘야 합니다. 다른 사람에게 도움을 주고자 한다면, 직접적인 경험과 체험을 통해 얻은 지식과 통찰력을 전달해야 합니다. 결과에 도움이 된다면 우리는 더욱 신뢰할 수 있는 리더와 조언자로 인정받습니다.

결론적으로, 남의 성공담을 무미건조하게 전달하는 것보다는 자기 경험과 느낌에 관해 이야기를 나누는 것이 중요합니다. 여러 경험을 직접 해보는 기회를 만들어야 합니다. 또한, 성공과 실패 모두를 공유하고 진실성과 신뢰성을 보여줘야 합니다. 이렇게 함으로써 우리는 더 나은 도움과 영감을 전달할 수 있고, 일을 진행함에 있어서도 자신감을 가질 수 있습니다.

앞뒤 보지 마라

이왕 하기로 했으면, 끝까지 해야 합니다. 뒤돌아보지 말고 앞만 보고 가야 합니다. 모든 일은 처음에는 힘듭니다. 만약 쉬운 일이었다면 모두가 성공했을 것입니다.

단거리와 장거리 경기로 수영이나 육상과 같은 종목이 있습니다. 단거리 경기에서는 숨도 쉬지 않고 달려야 하는데요, 숨을 쉬는 그 순간의 찰나가 승부를 가를 수 있기 때문입니다. 물론 단거리뿐만 아니라, 장거리 경기는 결승점을 향해 긴 호흡으로 최선을 다해 달려야 합니다.

　시작하는 게 어렵겠지만, 이왕 시작했다면 유의미한 결과를 얻기 위해 최선을 다해야 합니다. 시작했느냐 안 했느냐가 중요합니다. 일단 시작하면, 성공하도록 할 거냐, 안 할 거냐로 질문이 바뀌기 때문입니다. 아직 시작하지 않았다면 포기해도 됩니다. 그러나 시작하기로 결심했다면 처음부터 집중해서 일을 진행해야 합니다. 처음에 낯선 부분을 정리하고 방향을 잡는 일은 쉬운 일이 아니어서 익숙해지기까지 시간이 걸리지만 조금씩 익숙해지면서 패턴을 알게 되면 생산성이 점점 올라갑니다.

　시작부터 결과를 바라는 것은 좋지 않으며, 시작한 후에는 시작한 것을 후회하지 말아야 합니다. 시작하기 전에는 많이 고민해야 합니다. "90% 계획, 10% 실행"이라는 말이 있습니다. 계획을 철저히 한다면 실행이 쉽다는 이야기입니다. 물론 완벽한 계획은 없지만, 계획을 잘 세우면 모든 것이 원활해집니다.

때로는 상황에 따라서 10%의 계획과 90%의 실행으로 일을 처리할 수도 있습니다. 부족한 계획으로 실행 과정에서 어려움이 있지만, 포기하지 않고 끝까지 이어가면 좋은 결과를 얻을 수 있습니다. 즉, 이거다 저거다 앞뒤를 따지지 말고 앞으로 나가야 합니다. 과정이 쉽든 어렵든 어차피 거쳐야 결과가 나옵니다.

가끔은 정신이 없어야 한다

어떤 일이 끝나고 나면 생각보다 많은 일을 했다는 생각이 들 때가 있습니다. 이런 현상에 대해 과학적 근거가 필요하지만, 경험상으로는 어떤 일에 몰입할 때는 주변의 변화에 민감하게 반응하지 않는다는 것을 알 수 있습니다. 예를 들어, 고속으로 주행할 때는 주변의 사물들이 멈춰있는 것처럼 보이고 터널 속에서 고속으로 주행할 때는 출구 쪽으로 초점이 집중되는 것을 느낄 수 있습니다.

몰입은 자발적이든 타인의 요청이든 상관없습니다. 우리의 뇌는 구별을 하지 못합니다. 이제라도 몰입하여 뇌가 최대한 열심히 일하도록 해야 합니다. 때로는 일단 일을 시작하고 진행해 보는 것도 고려해야 합니다. 어떤 상황이든 수습이 가능한 것이 이 세상의 일입니다. 일잘러는 몰입의 왕입니다.

과몰입의 다른 말은 미친 것입니다. 하나에만 집중하는 것으로 다른 것은 신경 쓰지 않고 맹목적으로 목표를 향해 나아가는 것입니다. 사실 이런 행동을 조심하라고 합니다. 다른 부작용이 걱정되기에 과유불급이라는 말로 '과하게 하지 말라'고 합니다. 하지만 어떤 것이든 초반에는 엄청난 에너지가 필요합니다. 위성 발사에서도 발사체의 강력한 힘이 매우 중요합니다. 누리호의 굉음을 일으키며 발사 모습을 보더라도 엄청난 에너지가 필요합니다. 정신이 없을 정도로 일에 몰입하여 궤도에 올려놔야 합니다. 수많은 수학 공식을 이해하고 외우는 과정이 있어야 응용력이 생기고, 새로 접하는 업종의 전문용어를 이해하고 외워야 그 분야의 전문가가 됩니다. 힘들다고 멈추는 순간에 모든 것은 땅으로 떨어지게 됩니다.

완벽한 성공을 하고 실패 없이 일을 수행하고 싶지만, 그런 일은 현실적으로 쉽지 않습니다. 자신의 의지로 할 수 있는 생리적인 일(예: 아침에 밥 먹기 등)은 성공할 수 있을지언정, 다양한 부서와의 협업하는 일의 경우는 개인의 의지대로 진행되지 않습니다. 다양한 상황 변수 속에서 서로 협력하며 상호 간의 조화를 이루며 일을 수행해야 합니다. 일하는 동안 챙겨야 할 일이 한둘이 아닙니다.

실행에 의미를 부여하라

의미는 일을 끝내기 위한 지속 지렛대입니다. 의미가 없는 일은 오래 할 수 없고, 의미가 충분히 부여된 일이라면 끝까지 할 수 있습니다. 명분이 있으면 쿠데타도 용납이 되듯이, 정치에서는 명분이 매우 중요합니다. 스스로 의미 부여가 가능하면 내적 동기이고, 타인으로부터 받은 의미 부여는 외적 동기가 됩니다. 어떤 형태의 동기이든 중요성은 동일합니다. 동기는 부여하는 것입니다. 누가 주는 것이 아니라 스스로 자신에게 부여하는 것입니다. 동기를 뒤집으면 기동이 됩니다. 즉, 움직여야 한다는 것입니다.

일에 부여된 의미는 일의 라이프사이클을 결정합니다. 처음에는 거창한 의미와 명분을 가졌지만, 시간이 지나면서 의미가 퇴색되는 경우도 있고, 반대로 처음에는 사소한 것으로 시작되었지만 나중에 중요해지는 일도 있습니다. 이처럼 의미는 일의 진행과 성과에 영향을 미칩니다. 의미를 잃지 않고 그때그때 새롭게 부여하는 능력이 필요합니다. 시작하는 의미, 진행하는 의미, 끝나고 난 후의 의미를 부여해야 합니다. 일잘러는 의미 부여에 매우 능하고 스스로 쉽게 도취합니다.

지렛대는 잘 활용하면 도움이 되지만, 잘못 사용하면 지렛대가 부러져 더 큰 상처를 입을 수 있습니다. 적절한 의미를 부여하기 위해서는 균형을 잡아야 합니다. 지나치게 큰 의미를 부여하면 무리하게 일을 해야 하고, 지나치게 작게 의미를 부여하면 일의 가치를 인정받지 못합니다.

일잘러는 일을 할 때도 자신의 페이스를 유지합니다. 무작정 서두르지 않고 자신의 페이스를 유지하면서 의미 있는 일을 합니다. 의미를 찾고 의미에 따라 행동하면, 우리의 노력과 결과에 더 큰 가치를 더할 수 있습니다.

자신이 부여한 의미가 어떤 것인지에 따라 결과가 달라집니다. 억지라도 의미를 부여하여 일을 끝까지 해내야 합니다. 의미를 찾고 의미에 맞춰 행동하면, 실천의 정당성을 확보하게 되어 우리의 노력과 결과에 더 큰 가치를 더할 수 있을 것입니다.

의미를 부여하고 그 의미에 따라 일을 해내는 모든 분에게 행운을 빕니다.

빠르게 집중해서 실행하라

속도가 빨라지면 초점이 뚜렷해집니다. 운전할 때 천천히 가면 우리는 주변을 더 자세히 관찰할 수 있습니다. 시속 80km/h까지는 여유가 있지만, 그 이상으로 속도를 높이면 전방에 더 집중해야 합니다. 그 이유는 생명의 위협을 느끼기 때문에 상황에 대처할 수 없다는 불안감으로 시선을 전방으로 고정하고 운전하게 됩니다. 또한, 속도가 점점 빨라지면 우리는 주시해야 할 대상에 초집중하게 됩니다.

이와 마찬가지로 모든 일도 처음에는 천천히 시작할 때 여러 상황을 고려하고 변화를 예측하며 진행할 수 있습니다. 여유를 가지고 목표와 목적을 생각하며 일을 진행하더라도 마감 일정이 다가오면 결과에 더욱 집중해야 합니다. 이때 필요한 것은 목표와 목적입니다. 처음에 생각한 것과 달리 일의 목적이나 방향성이 변경되었을 수도 있기 때문에 수시로 일의 목적을 다시 한번 생각하고 그 목표에 도달하도록 끝까지 집중해야 합니다.

동영상 인터넷 강의를 수강할 때 몇 배속으로 보시나요? 3배속으로 해도 이해하는 데 전혀 문제가 없다고 합니다. 보통 인터넷 강의 1편이 40분 정도여서 2배속으로 하면 20분 만에 끝낼 수 있습니다. 배속을 높이면 높일수록 집중력이 올라갑니다. 업무 추진 속도도 높일수록 일의 집중도는 올라갑니다. 보고 일정이 촘촘하거나, 리뷰 일정이 자주 있으면 더 집중해서 일 처리를 할 수밖에 없습니다. 일잘러는 완급 조절에 능합니다.

베스트셀러 작가도 마감 시간을 보면서 원고 작성을 하고, 웹툰 작가는 매번 마감 시간 직전이 되어야 원고를 제출하기도 합니다. 의미 있는 일이고 잘할 수 있는 일이더라도 마일스톤이 없으면 지지부진해질 수 있습니다. 어느 칼럼니스트는 정해진 일정에 따라 칼럼을 마감해야 해서 항상 긴장하고 소재거리를 찾는다고 합니다. 이런 긴장감이 더 좋은 콘텐츠를 만들고 날카로운 비평도 나올 수 있는 것입니다.

모든 일에는 막판 작업에서 성과가 결정됩니다. 터널 공사, 교량 건설은 대부분 양쪽에서 공사가 시작되고 서로 어느 시점에 되면 만나서 연결하게 되는데 처음에는 큰 방향을 두고 공사를 하지만 막판에는 1mm의 오차가 없도록 세밀하게 공정을 관리합니다. 소프트웨어 개발을 할 때도 유닛별로 개발을 진행하다가 통합 테스트를 할 때는 서로 개발한 기능에 대해서 맞추고 품질 결함에 대해서 꼼꼼하게 보완합니다.

마감이 점점 가까워지면 여유를 부리지 않아야 합니다. 일정을 잘 관리하면서 목표나 목적을 잊지 않도록 해야 합니다. 마감 목표 일정을 맞추기 위해서는 집중해야 합니다. 남은 시간을 고려하고 우선순위를 정하며 목표를 달성하기 위해 집중해야 합니다. 이렇게 집중하여 일을 완수하면 성취감을 느낄 수 있고, 목표에 도달했을 때 만족감을 누릴 수 있습니다.

마감이 점점 가까워질수록 집중하고 목표를 명확히 인지하여 일에 전념해야 합니다.

나침반이 있으면 좋다

　길을 잃었을 때는 나침반이 필요합니다. 그러나 나침반을 제대로 활용할 수 있는 사람은 적습니다. 대부분은 스마트폰을 사용하여 위치를 확인하는 편입니다. 우리나라에서는 길을 잃는 일이 보통은 없지만, 외국에서는 산속에서 길을 잃어 며칠 동안 헤매다가 구조되는 사례가 종종 있습니다. 정글에서 길을 잃게 되면 정신적, 신체적으로 많이 고생하게 되며, 밤에는 동물의 위협, 음식 부족으로 인한 배고픔, 저체온증 등으로 인해 어려움을 겪을 수 있습니다. 생존한 사람의 이야기나 실제 사건을 담은 영화를 보면 어릴 때 배운 생존법이 도움이 되었다고 합니다.

우리나라는 산이 많지만, 국토가 비교적 좁아서 생존법에 대한 교육이 제대로 이루어지지 않고 있는 것 같습니다. 많은 사람이 길을 잃었을 때 119에 신고하면 된다고 생각하고 있습니다. 그러나 외국은 넓은 밀림이나 사막에서 길을 잃을 가능성에 대비하여 생존법을 가르치고 어려서부터 배웁니다. 예를 들어, 강을 따라 움직이는 법, 밤에 별을 보는 법, 나침반을 활용하는 법 등 다양한 생존법을 배우게 됩니다. 이러한 생존법은 변하지 않는 자연의 법칙을 활용합니다. 물은 높은 곳에서 낮은 곳으로 흐르고, 북극성은 항상 그 자리에 있어서 기준이 됩니다. 이러한 원리를 이해하고 일관된 움직임으로 길을 잃었을 때 찾거나 도움을 받을 수 있습니다.

그러나 우리가 사는 사회에는 일관성이 없습니다. 항상 환경이 변하고 목적이 변하며, 고정된 값없이 모든 것이 항상 변합니다. 이러한 상황에서 어떤 일을 할 때는 무엇이 중요하고 무엇을 해야 하는지 계속해서 생각해야 합니다. 일종의 나침반으로서 역할 할 수 있는 업무의 가치와 원칙을 세우는 것이 중요합니다. 이를 통해 시장과 기술, 내부 상황에 따라 변화하면서도 일관성을 유지할 수 있습니다. 변화에 대응하는 것이 중요하며, 그에 따라 우리는 유연성과 적응력을 갖추어야 합니다. 일잘러는 나침반을 갖고 있습니다.

학생은 시험 범위와 출제 기준에 집중해야 하고, 직장인은 회사의 목표에 집중해야 합니다. 기준이 변한다면 그것에 맞게 전략을 변경해야 합니다. 환경이 변화하는 것에 대응하고 적응하는 것이 중요합니다. 기준이 마음에 들지 않아서 따르지 않을 수도 있는데, 어쩌면 반항으로 여겨질 수 있습니다. 사실 모든 기준이 자신에게 맞지 않아서 따를 수 없다면 자신이 기준을 만들고 따르도록 해야 합니다. 이런 성향이 강한 사람은 사업가 기질이 있다고 볼 수 있습니다.

큰 기업이나 조직은 업무 매뉴얼과 표준 프로세스를 활용하여 경영합니다. 이렇게 함으로써 많은 조직원들이 경영 목표와 방침에 맞추어 진행하도록 가이드라인을 제공합니다. 개인도 자체 목표 관리 매뉴얼과 프로세스를 가지는 것이 좋습니다. 이를 몸에 잘 갖추고 습관으로 만들게 되면 목표와 꿈을 잃지 않고 계속해서 실천할 수 있습니다.

우리는 길을 잃거나 방향을 잡기 어려운 상황에서도 항상 목표와 방향을 잃지 않고 변화에 유연하게 대응해야 합니다.

목표와 계획을 공유하라

실행하기로 마음먹은 것은 좋은 일이지만, 무턱대고 출발하는 것은 지양해야 합니다. 생각만 하는 것보다는 낫지만, 계획 없이 진행하면 어떤 방향으로 무슨 일을 해야 할지 모호해질 수 있습니다.

실행에는 항상 계획이 필요합니다. 단계별로 로드맵을 세워서 방황하지 않고 실행해야 합니다. 계획을 세우는 이유는 빠른 의사결정과 실행을 위함입니다. 계획된 경로로 차를 안내

하는 내비게이션처럼 시작하고 경로의 수정이 필요한 경우 보완하며 실행해야 합니다. 계획 없이 실행하게 되면 과정이 순탄하지 않고 결과도 만족스럽지 않을 수 있습니다.

그런데도 무엇을 할지 모를 경우에는 일단 움직여야 합니다. 미처 생각하지 못했던 부분에서 아이디어와 영감을 얻고 계획 수립을 도모할 수 있습니다. 실행하면서 계획을 갖도록 최대한 노력해야 합니다. 계획이 없는 실행은 무정란과 같습니다. 아무리 품어도 병아리는 태어나지 않습니다. 계획 없는 실행은 계속해서 불확실한 결과를 만들어내기 때문입니다.

계획은 어떤 일을 누가 언제까지 어떻게 할 것인지 포함되며, 진행 상황을 확인할 방법이 설정되어야 합니다. 계획에서 부족한 부분을 보완하기 위해 추가적인 조사를 진행하고, 신중하게 고민하여 계획을 탄탄하게 만들어야 합니다. 잘 구성된 계획표가 있으면 안정감을 주고, 여러 사람이 함께 일할 때는 효율적으로 협업이 가능합니다. 같은 목표를 가지고 일정과 활동을 공유하면 서로 협력하여 일을 진행하게 됩니다.

일잘러는 업무 목표, 일정, 계획을 공유합니다. 이를 통해 같은 목표를 갖고 일하도록 환경을 조성합니다. 혼자 하지 않고 여럿이 함께하는 일이라면 반드시 계획이 있어야 합니다. 회사는 소꿉장난이 아니고 이익을 내는 집단이기 때문입니다.

실행할 때는 반드시 계획이 있는지 꼭 확인해야 합니다. 계획에 맞춰 실행하는 것은 성공적인 결과를 끌어낼 수 있는 중요한 요소입니다. 계획을 잘 준비하고 확인하면서 실행해야 합니다.

끝까지 끌고가라

'초심을 잃지 말고 끝까지 노력해야 한다'는 말이 있습니다. 사람은 기본적으로 일관성 있고 성실하게 살기 위해 노력합니다. 초심을 잃지 않는 것은 처음 마음먹은 것을 유지하는 것을 의미하는데요, 어떤 일을 할 때 끝까지 이끌어가는 힘입니다.

어떤 일을 추진할 때는 항상 저항감(마찰저항)이 존재합니다. 이 저항감을 이겨내기 위해서는 왜 이 일을 하고 있는지에 대한 정당성과 명확한 이유가 필요합니다. 이유와 목표가 명확하다면 저항감을 극복하고 소중한 목표를 달성할 수 있습니다. 현대 사회는 급변하는 기술과 시장 트렌드 변화 때문에 처음에 생각한 것과는 다른 상황에 직면하게 됩니다. 처음의 마음을 끝까지 유지해야 하는지에 대해서는 신중히 고민해 봐야 합니다.

빠른 움직임은 더 좋은 결과를 가져올 수 있습니다. 하지만 직선으로 그은 볼펜 선에도 자세히 들여다보면 작은 굴곡이 있듯이 변화가 존재합니다. 주변의 변화를 감지하고 자신의 목표를 조금씩 조정하며 진행해야 합니다. 목표 달성을 위해 큰 영향이 없다면 약간의 변화를 줘야 하지만 예상치 못한 변화 때문에 처음 설정된 목표가 의미가 없어졌다면 그 과제를 포기할 용기도 필요합니다.

현대인은 시대적 변화 속에서 여러 가지 일을 동시에 처리해야 하는 상황에 놓여 있습니다. '분초 사회' 트렌드의 영향인데요, 시간의 가성비가 중요해진 사회적 경향이 나타나고 있고, 한 가지 일만 하지 않고 동시에 여러 개의 일을 하는 사회 모습을 보입니다. 따라서 의미 없는 일을 손절하는 용기가 필요합니다. 하나를 포기하고 다른 하나를 선택하는 것도 좋은 방법입니다.

　인성이나 도덕적인 부분이 아니라면 실행 관점에서는 주변의 변화에 따라 유연하게 조정해야 합니다.
　일잘러는 초심을 잃지 않으면서도 주변 변화에 유연하게 대처할 수 있는 능력을 갖추고 있습니다.

결과는 끝에 나온다

결과는 마지막에 도출되는 것입니다. '숭늉을 우물에서 찾는다'라는 속담은 시간과 장소에 맞지 않는 접근을 비판하는 말로, 과정을 거쳐야 결과가 나타나는 것을 의미하나 대부분은 결과를 빨리 보고 싶어 하는 마음을 가지고 있습니다.

우리 뇌는 에너지를 효율적으로 관리하기 위해 어려운 과정을 피하고, 빠른 결과를 얻고자 합니다. 좋은 결과를 얻기 위해서는 과정을 즐기라고 하지만, 결과에 상관없이 당장 재미있는 일은 오랫동안 하고 싶고, 하기 싫은 일은 그만하고 싶어집니다. 대부분의 좋은 결과는 힘들고 어려운 과정을 거쳐서 얻게 됩니다. 아이러니하게도 대다수 사람이 어려운 과정을 즐기지 않기 때문에 상대적으로 이 과정을 이겨낸 사람이 더 좋은 결과를 얻습니다. 자격시험, 학교 진학, 취업 등을 돌아보면 어려운 과정을 거친 사람이 좋은 결과를 얻었습니다.

당연한 원리임에도 불구하고 우리는 어렵고 귀찮은 과정은 빨리 끝내고 싶고, 즐거운 과정은 오래 계속하고 싶어 합니다. 일을 자발적으로 진행했는지, 외부의 압력에 의해 진행했는지에 따라 약간의 차이가 있으나, 대부분 계획대로 일을 하면 성공적으로 마무리할 수 있습니다. 다만, 외부 요인에 의해 진행된 과정은 중간에 포기하는 확률이 상대적으로 더 높습니다. 내적 동기가 강해야 합니다.

일잘러는 일하는 과정 중간에 재미있는 포인트를 설정하고 단계적으로 수행을 합니다. 벼락치기 하듯 마감에 앞서 야근 작업하는 것이 아니라, 계획을 잘 세우고 점검하면서 일의 진행 속도를 유지하여 무리 없이 진행합니다.

결과는 마지막에 도출됩니다. 일을 시작했다면 빨리 끝내려는 욕구보다는 과정을 성실히 음미하고, 좋은 과정을 거치기 위해 철저히 준비해야 합니다. 보통 사람은 일을 시작하기를 꺼리고, 시작한 일도 빨리 끝내려고 합니다. 또는 빨리 끝낼 수 있는 일을 선택하려고 합니다. 그러나 긴 호흡으로 어려운 과정에 참여하여 까다로운 일을 직접 처리하면서 더 성장할 수 있도록 해야 합니다.

그냥 하는 거다

실행할 때는 그냥 하는 것입니다(Just do it). 생각하고 결정하는 것이 아니라, 그냥 진행하는 것입니다. 너무 많은 고민과 의문을 품으면 결정을 내리기 어렵습니다. 그러나 그냥 실행에 올인하면 뇌는 더 빠르게 움직이며, 숙달되어 습관화된다면 뇌는 적은 에너지로도 충분히 해낼 수 있습니다. 즉, 익숙한 것은 굳이 뇌를 쓰지 않더라도 습관화되어 빠르게 움직일 수 있습니다.

생각하지 않고 그냥 하는 것이 중요합니다. 생각하다 보면 떠오르는 질문으로 힘들 때가 있습니다. "이것을 해야 할까?"라는 질문은 어려운 과제일수록 강하게 다가오는데, 뇌가 힘든 과정을 거부하려는 몸부림입니다. 그러나 뇌를 속이기 위해서는 그냥 실행에 올라타야 합니다. 뇌는 순진하게도 몸이 움직이면 그것에 맞게 작동합니다. 목표를 달성하기 위해 우리는 행동을 취해야 합니다. 스스로 위험 속으로 뛰어들면 뇌는 생존을 위해 엄청난 해결책을 제시해 줍니다.

생각이 먼저인지, 행동이 먼저인지에 대해서는 특별한 우선순위는 없습니다. 생각을 먼저 하는 것은 효과적인 방법을 찾는 과정으로 볼 수 있고, 행동은 불가능한 목표를 달성하기 위한 과정입니다. 무엇이 중요한가보다는 두 가지 요소가 상호보완적인 관계에 있습니다. 다만, 너무 깊은 생각에 빠져 있으면 행동을 멈추게 되므로 의도적으로 움직여야 합니다. 일잘러는 일이 잘 될 수밖에 없는 상황을 만듭니다.

실행은 담백하게 진행되어야 합니다. 주변에 소란이 있더라도 목표를 향해 달려가야 합니다. 빠르게 움직이면 주변의 사물들은 멈춘 것처럼 보입니다. 이러한 집중력으로 빠른 실행을 하면 자신에게 자부심을 느끼고, 목표를 달성할 수 있습니다.

일잘러는 일단 선언하고 봅니다. 선언하는 것도 행동입니다.

그냥 하는 것입니다. 깊은 의미를 찾는 것이 아니라, 매뉴얼대로, 계획대로, 지시대로, 또는 본인이 결정한 대로 쭉쭉 나아가는 것입니다. 과도한 분석과 고민보다는 결정한 방향으로 단호하게 나아가면 됩니다. 행동에 쏟는 노력과 열정으로 성공을 끌어내는 것이 중요합니다.

그냥 하는 것이 가장 효과적입니다. 지금 하세요.

실행은 담백하게 진행되어야 합니다.

3-2
기회도 방치하면 위기가 된다

언제나 관리하라

　모든 것이 원활하게 진행되고, 잘 유지될 것 같을 때도 조심해야 합니다. "위기는 기회"라는 말이 있지만, 실제로는 기회라고 해도 방치하면 위기가 될 수 있습니다. 달리고 있는 자전거는 적당히 페달만 굴리면 넘어지지 않습니다. 우리도 위험에 빠지지 않도록 지속해서 실행과 관리를 해야 합니다.

위험관리 : 손해를 줄여라

 일이 잘 진행되지 않을 때 노출된 위험에서 탈출해야 합니다. 위험이 발생하지 않도록 하는 것이 가장 좋지만, 위험은 항상 예측이 불가능하고, 생각만큼 얌전한 존재가 아닙니다.
 위험은 손해의 가능성을 의미하는 개념입니다. 가치를 잃거나 피해를 얻을 수 있는 잠재성을 의미합니다. 우리는 위험을 막연하게 걱정하기보다는 잘 관리해야 합니다. 칼은 잘 사용하면 요리를 할 수 있지만, 잘못 사용하면 살인 도구로 사용될 수 있듯이 위험 요인을 사전에 파악하여 대비하거나, 위험을 줄이는 방법을 습득하고 훈련함으로써 손해를 피할 수 있습니다.

 일을 시작할 때는 예상 리스크를 반영하고 그 범위 안에서 잘 관리한다면 문제가 되지 않습니다. 최근 안전성으로 쟁점이 되는 원자력 발전소도 운영을 잘못하면 큰 위험이 될 수 있지만, 설계 단계부터 위험을 방지할 수 있도록 철저하게 검토하고 운영을 잘한다면 안전하고 환경오염이 없는 친환경 에너지로 만들 수 있습니다.

 의사결정을 할 때는 실행하지 않았을 때의 상황을 한번 예측해 보는 것이 좋습니다. 어느 정도까지 위험한 일인지 판단을 해보는 것입니다. 정성적이더라도 최악의 경우를 가정하여 어디까지 실행해야 할지 결정하는 데 도움이 됩니다.

 더 이상 지속할 수 없는 불가항력적인 상황이 발생할 때는 쉬어가는 것도 나쁘지 않은 전략입니다. 휴식을 취하면서 잠시 돌아보는 시간을 갖는 전략입니다. 이를 통해 상황을 객관적으로 판단하고 다시 에너지를 모아서 시작할 수 있습니다.

 일잘러는 위험관리를 통해 최악의 상황을 대비합니다.

변화관리 : 점검하고 튜닝하라

세상에 변하지 않는 것이 있을까요? 모든 것은 변하게 되어 있습니다. 처음에 세웠던 계획은 상황에 따라 변경할 수밖에 없습니다. 처음 마음으로 일을 일관되게 진행하는 것도 좋으나, 외부/내부 요인으로 큰 변화가 있을 때는 관리를 해야 합니다. 즉, 변화에 민감하게 반응하여 변경 시기를 놓치지 않도록 해야 합니다.

우리는 보통 '모든 것이 잘 될 거'라고 생각하고 일을 시작합니다. 하지만 새로운 사업 또는 일(과제)을 맡아서 진행한다면,

반드시 실패한다고 해도 과언이 아닙니다. 이러한 실패는 다음 성공의 자양분입니다. '실패를 어떻게 받아들이고 개선하느냐'의 문제입니다. 기존 계획에서 변경이 일어날 것이라는 생각을 하는 것이 좋습니다. 이를 톨러런스(Tolerance)라고 하는데, 약간의 오차(이격)가 있어야 합니다. 자동차 엔진에는 피스톤의 이격이 있는데 윤활유와 함께 피스톤의 움직임을 원활하게 해줘서 엄청난 파워를 만들어냅니다. 약간의 여유, 이격이 있어야 마찰 저항이 없습니다. 목표도 범위를 놓고 관리하는 것이 좋습니다.

개인적으로 주식은 빨간불에 팔면 성공이라고 봅니다. 1백만 원을 투자하든, 1억 원을 투자하든 결국 매도할 때 단 1원이라도 수익이면 다행이라고 생각합니다. '꼭 10% 수익률을 올릴 거야'라는 구체적인 목표가 더 부담스러울 수 있습니다. 물론 집중해서 일을 진행하는 것은 필요하나, 모든 일에는 변화 요인이 많은 점을 고려해야 합니다.

변화 관리는 일의 성공을 좌우합니다. 실패해도 그 속에서 의미를 찾으면 다시 시작할 힘을 얻을 수 있지만, 실망하여 체

념하고 포기한다면 완전히 실패한 것입니다.

　프로젝트에서도 변경 관리가 중요합니다. 작은 변경은 내부적으로 헤징(위험 관리)을 하지만, 큰 변경의 경우는 유관 담당자(책임자)가 모여서 결정합니다. 기본적으로 일정, 예산, 품질을 기준으로 어떤 영향이 있는지 점검하고 의사결정을 합니다.

뒤돌아보기 : 베이스라인 올려라

뒤돌아보기는 쉬워 보일 수 있지만, 실제로는 그렇지 않습니다. 대부분 사람은 목표를 설정하고 일을 진행합니다. 또한 해결되지 않는 문제에 집중하게 되고 고민에 빠지게 됩니다. 이럴 때, 일시적으로 뒤를 돌아보면 어떤 부분이 잘못되었는지를 알게 될 수 있습니다. 예를 들어, 차를 마시거나, 담배를 피우려고 자리를 비우거나, 프로젝트와 관련 없는 사람과 대화하다가 갑자기 아이디어가 떠오르는 경우가 있습니다. 하지만 프로젝트가 한창 진행 중이면 그 아이디어를 적용하기는 어렵습니다. 억지로 적용하려면 시간과 노력이 많이 소요되어 관리 비용이 증가합니다. 그래서 가능하다면 중간중간에 리뷰하는 시간을 갖고 필요한 부분을 조금씩 적용하는 것이 좋습니다.

과거는 오늘을 살게 하는 힘이 됩니다. 리뷰를 통해 자신을 돌아보는 시간은 좋은 기회이며, 지금까지 해온 일을 돌아보면서 더 나은 선택을 할 수 있습니다. 앞만 보지 말고 가끔은 뒤도 돌아보고 옆도 살피는 여유를 가지는 것이 좋습니다. 일 잘러는 잠깐 멈춤에 능합니다. 가끔 뒤돌아보며 부족한 부분을 챙깁니다.

여러 사람이 함께 일하는 경우에는 일일 또는 주간 리뷰 시간을 통해 진행 상황을 서로 확인하는 것이 좋습니다. 개인 프로젝트 경우에는 일기를 쓰는 것이 좋습니다. 하루를 돌아보는 소중한 시간이며, 이를 통해 부족한 부분을 즉시 파악할 수 있어 지속해서 일을 할 수 있는 원동력이 됩니다. 자신에 대해 객관화하여 평가해야 합니다.

가끔은 제3자의 입장에서 자신을 돌아보는 메타인지 훈련을 하는 것도 좋습니다. 자신의 입장이 아닌 타인의 시선으로 자신을 돌아보고, 동시에 현재 진행되는 일을 돌아보는 것은 귀중합니다. 새로운 관점을 얻을 수 있고, 지속적인 성장을 도모하는 동력이 됩니다.

신념 : 끝까지 버텨라

신념은 우리 삶에서 큰 의미를 가지며, 우리의 행동을 이끌고 가는 중요한 원동력입니다. 신념이 확고한 사람은 어떤 어려움에도 굴하지 않고, 끊임없이 도전하고 성장합니다. 일하는 과정에서 이해관계자와의 협상/협력이 어려울 수도 있지만, 포기하지 않고 신념을 유지하는 것이 중요합니다.

신념은 우리가 믿고 지키고자 하는 가치와 원칙을 의미합니다. 이는 우리에게 힘과 동기를 주며, 어려움을 극복하고 지속적인 노력을 할 수 있도록 도와줍니다. 신념이 있는 사람은 일에 대한 열정과 진심을 가지며, 자기 행동에 대한 자신감을 느끼고 있습니다.

신념은 우리의 목표와 가치를 향해 힘차게 나아가는 원동력입니다. 이러한 신념을 가진 사람은 어떤 일이든 성취할 수 있습니다. 초반에 집중하여 한꺼번에 에너지를 투입하여 일의 진행을 탄력적으로 할 수 있습니다. 사실 처음에는 시작이 쉽지 않기 때문에 최대한의 힘을 모아야 하며, 주변의 우려에도 힘찬 용기를 내어 시작하는 것이 필요합니다.

부를 이룬 사람은 종잣돈을 모을 때까지 인내하고 자산에 투자하여 부를 축적했습니다. 이것이 가능했던 이유는 집안이 좋아서 보고 자랐거나, 스스로 깨달은 신념을 가지고 있기 때문입니다. 신념은 웬만하면 변하지 않기 때문에 처음부터 양질의 신념을 갖도록 해야 합니다.

일잘러는 실행을 진심으로 대합니다. 실행에 대한 신념이 있어야 합니다. 계획을 세우고 끝까지 추진하기 위해서는 결심과 다짐이 필요합니다. 이러한 마음가짐이 있다면 외부의 영향에 동요하지 않고 끝까지 일을 굳게 이어나갈 수 있습니다.

어떤 일을 할 때 포기하지 않는 신념을 유지하는 것이 중요합니다. 일에 대한 열정이 100% 순수하면 무엇이든 이룰 수 있습니다. 진심으로 일에 헌신하며 본인의 행동에 대한 확신을 가지고 포기하지 않으면, 어려움을 극복하고 목표를 달성할 수 있습니다.

악인적인 사고 : 냉정하게 협상하라

착한 사람과 대화하는 것과 악한 사람과 대화하는 것 중 어떤 쪽이 더 잘 될까요? 보통 사람은 착한 사람과 대화하는 것이 좋다고 말하지만, 같이 일하거나 협상할 때는 악한 사람과 대화하는 것이 더 효과적입니다. 악한 사람은 원하는 것을 명확하게 표현하기 때문에 그 부분만 해결하면 되지만, 착한 사람은 자신이 착하게 행동해야 하는 프레임에 갇혀 타협하기 어렵습니다. 즉 악의적 의도가 있는 사람은 얻고자 하는 것이 명확하기 때문에 그것을 해결해 주면 끝나지만, 착한 사람은 원하는 것도 없고 자기 생각이 맞는다고 주장만 하다 보니, 협상이 안 됩니다.

일잘러는 미울 정도로 악합니다. 일의 진행을 위해서는 착하게 대하는 것보다는 요구사항을 명확히 제시하고 상호 간에 협상하는 것이 중요합니다. 시간이 흐르면 문제는 사라지는 경우가 많기 때문에 자신의 입장을 고집할 필요는 없으며, 사실에 기반하여 상호 간의 업무를 주고받으면 됩니다.

다른 사람의 시선을 의식하거나 억지로 행동하거나 아예 아무런 행동을 하지 않는 것은 피해야 합니다. 협조를 요청할 때는 요청 사항과 양보할 수 있는 수준을 미리 설정해 둬야 합니다. 그렇게 준비를 철저히 해도 실제 협의 과정에서는 이성보다 감정이 앞서는 경우가 있을 수 있습니다.

착하게 사는 것은 중요하지만, 업무적인 실행에서는 조금 냉정하고 이기적인 행동이 서로에게 더 좋습니다. 해줄 것처럼 약속했다가 해주지 않으면 상대방은 더 어려움을 겪을 수 있기 때문입니다. 성공이나 부를 축적한 사람은 세 가지 특징을 갖고 있습니다. 첫째, 욕심이 많습니다. 성공했더라도 더 성장하기 위해 노력합니다. 이런 노력이 성공과 부를 지속 가능하게 합니다. 둘째, 냉철합니다. 감정에 휘둘리지 않고 사리 분별을 철저히 합니다. 금전적인 측면도 더 명확하게 다룹니다. 셋째, 빠른 행동력을 갖추고 있습니다. 주저하지 않고 마음이 결정되면 즉시 행동하여 빠른 결론을 얻습니다.

착하게 보이려고 이슈를 회피하거나 우회하는 것은 필요하지 않습니다. 직설적으로 의견을 표현하고 공격적으로 대처하면 오히려 일이 잘 해결될 수 있습니다.

셀프만족 : 자신감을 가져라

변화를 느껴보세요. 그러면 더 많은 힘을 얻을 수 있습니다.

먼저, 목표를 작게 나누어 성취감을 느낄 수 있도록 해보세요. 큰 목표를 작은 부분으로 세분화하여 조금씩 성과를 내다 보면 자신감을 키울 수 있습니다. 예를 들어, 건강을 위해 걷기 습관을 들이기로 결심한 경우, 큰 목표는 "매일 1만 보 걸어서 건강을 유지하기"일 수 있습니다. 1만 보 목표 달성에서 벗어나 작은 목표로 "하루에 30분 걷기"를 세운다면 다양한 산책로를 찾아서 걷는 동안 팟캐스트를 듣거나 음악을 듣는 즐거움을 느낄 수 있습니다. 이를 통해 걷기가 단순한 운동이 아니라 즐거운 활동으로 변하게 됩니다.

스마트 워치를 활용하여 걸음 수, 맥박수, 열량 소비량 등을 확인하며 목표를 달성하는 것도 좋은 방법입니다.

이러한 과정에서 목표와 진전 상황을 자주 돌아보며 자신에게 칭찬해 주는 것이 중요합니다. 성과의 크기는 중요하지 않고, 자기만족을 느끼는 것이 핵심입니다. 매일 목표를 달성할 때마다 작은 선물이나 자신에게 칭찬을 해주며 건강에 대한 노력을 인정해 주는 것은 자아 존중을 높이는 방법의 하나입니다. 또한, 일을 하면서 새로운 도전과 학습을 통해 계속해서 성장하려고 노력해 보세요. 새로운 기술이나 지식을 습득하면서 자기 계발 노력한다면 일이 더욱 흥미로워질 것입니다. 일은 비록 어려울 수 있으나, 일이 끝난 이후에는 기술과 지식을 얻게 됩니다.

자기만족은 인류를 발전시키는 원동력입니다. 현대인에게

도 만족감, 성취감은 개인뿐만 아니라 기업/조직을 성장시킵니다. 중년이 되면 운동에 집착하는 이유에 대해서 재미있게 분석한 자료를 보았는데요, 직장 초년생은 진급, 승진이라는 보상을 통해 성장동력을 얻지만, 중년이 된 이후에는 회사에서 그런 보상을 주지 않기에 어떤 성취감과 만족감을 얻을 수 없게 됩니다. 따라서 다른 곳에서 성취감을 찾는데 그것이 바로 취미생활이고, 특히 달리기, 수영 등 기록경기에 심취하는 이유는 기록 달성하는 재미에 빠지게 되는 것입니다. 자칫 건강을 해치면서까지 자신의 기록을 깨려고 하기도 합니다.

자기만족을 통해 자신감이 얻게 되면 더 높은 곳을 향해 도전할 힘이 생깁니다. 이런 식으로 지속해서 노력을 멈추지 않고 자아 존중감을 높이는 것은 자기 발전을 이루는 데 도움이 됩니다.

전화위복의 기회 : 부작용을 이겨라

어떤 일에는 좋은 점과 나쁜 점이 함께 존재합니다. 처음에 의도한 대로 진행되지 않고 예상치 못한 결과를 얻을 수도 있습니다. 이러한 이유로 어떤 분야에서든 보정하는 과정이 필요합니다. 보정은 원하는 결과를 더욱 정교하게 만들기 위한 마지막 처리 작업입니다.

원하는 결과를 얻더라도 더 정교한 작업이 필요합니다. 또한 뜻하지 않은 부작용이 발생할 경우에는 더 관찰하고 어떻게 대처할지를 연구하여 버릴 것은 버리고 챙길 것은 챙겨야 합니다.

이렇게 보정하는 과정을 통해 원하는 목표를 더욱 효과적으로 달성할 수 있고, 예상치 못한 문제를 해결해 나갈 수 있습니다. 시행착오 통해 배우고 성장할 수 있으며, 더 나은 결과를 얻을 수 있습니다.

우선 원하지 않은 것에 대한 거부반응부터 없애야 합니다. 미운 것도 자주 보면 정이 든다고 하죠, 일단 관찰하고 왜 이런 부자연스러운 결과가 나왔는지 생각해야 합니다. 부작용 중에 좋은 점이 있는 경우도 많습니다. 이는 어떤 결정이나 행동에 의해서 뜻하지 않은 기회를 얻는 경우입니다. 예를 들면 새롭게 시작한 프로젝트에서 좋은 동료를 만나는 것도 하나의 사례입니다. 또한 그렇게 싫어하는 해외 출장을 다니다 보니, 의외로 외국 문화에 친숙해지고, 어학 능력까지 향상된 경우도 있습니다. 실행을 후회하는 경우도 있죠, 힘들고, 귀찮고, 어려워도 꾸역꾸역 끝까지 실행했는데, 오히려 몸이 더 건강해졌거나, 더 많은 정보를 습득한 경우도 있습니다.

반면에 실행 중에 어려움으로 인해 완전히 망가진 경우도 있습니다. 때로는 트라우마 겪게 되는 등 원하지 않는 결과를 얻을 수도 있습니다. 안타까운 일이지만, 이러한 상황에서는 자신감도 흔들리고 다시 시작할 용기를 잃을 수도 있습니다.

어떤 일을 하면 계획과는 다른 변화가 자주 발생하며, 이에 따라 좋은 점과 나쁜 점이 생기게 됩니다. 이를 어떻게 잘 관리하는지가 개인의 성장에 영향을 줍니다. 계획된 결정과 실행으로 인해 발생하는 부작용에 대해서는 긍정적인 면을 취하고 부정적인 면을 최소화하는 것이 중요합니다. 이를 위한 가장 쉬운 방법은 기록하는 것입니다. 꼼꼼하게 기록해 둔 내용은 미래의 자신에게 과거로의 시간여행을 선사하며, 잊고 있던 것을 다시 깨닫게 하는 효과를 가집니다.

논리적 사고 : 산수를 해라

정량적인 평가는 중요합니다. 어떤 일을 할 때 어려움에 부딪히는 것은 당연한 일입니다. 이럴 때는 검토하고 어떻게 대응할지 계획을 세워야 하는데, 해보지도 않고 감정에 휩쓸려 포기하는 경우가 많습니다. 이슈가 없어지면 리스크도 사라진다는 간단한 논리적인 접근으로 이슈부터 검토해야 합니다.

숫자와 사실에 기반하여 분석하는 능력을 키워야 합니다. 섭지 않은 전략이지만, 이렇게 하지 않으면 모래 위에 성을 쌓는 사상누각이 되어 일을 지속할 수 없습니다. 가게를 운영한다고 해도 매출 추이나 손님의 변동을 확인하고 분석해야 합니다. 희망적인 기대보다는 현실을 냉철하게 점검하고, 어떻게 하면 지속하여 유지할 수 있는지 고민해야 합니다.

숫자는 사람의 뇌를 혼란스럽게 하지 않고 명확하게 판단하게 합니다. 수학은 확실하고 명료합니다. 불확실한 것은 공식으로 정립되지 않으며, 우리가 알고 있는 수학의 공식과 원리는 충분히 검증되고 완벽하다고 믿고 사용할 수 있습니다. 데이터와 숫자 중심으로 이슈 현황을 분석하여 대응 방안을 마련해야 합니다.

수학을 좋아하는 사람은 극히 드뭅니다. 학창 시절 수학에 대한 트라우마가 있어서일까요? 숫자를 보면 자세히 읽어보고 이해하려고 하지 않는 경향이 있습니다. 수학을 잘하는 사람은 주고받음이 능숙합니다. 이유는 거래하는 가치를 정확히 판단할 수 있기 때문에 물물교환할 때 무엇이 이득인지 정확히 파악할 수 있기 때문입니다. 수학을 잘하는 사람은 논리적입니다. 인과관계를 정확히 파악하고, 입력의 가감을 통해 결괏값은 예측할 수도 있습니다.

요즘 과학의 핵심은 빅데이터 분석입니다. 데이터를 취합하고 분석하는 과정을 통해 원하는 정보를 정량적으로 받아볼 수 있어서 논리적, 공학적 판단을 할 수 있게 되었습니다. 뇌는 역설적으로 쉬운 것을 좋아합니다. 자기도 에너지를 쓰지 않고 쉬고 싶기 때문입니다. 그러기에 어렵게 느끼는 것은 의도적으로 빨리 숙달하여 습관화해서 뇌를 속여야 합니다.

우리의 뇌는 숫자를 기반으로 빠르게 판단하게 됩니다. (숫자만큼 정확한 것은 없습니다.)

돌파력 : 막히면 뚫어라

종횡 사고로 돌파합니다. 시간과 공간을 두루 살피면 답이 나옵니다. 문제 앞에서 주저하지 말고 돌파해야 합니다. 인간은 지식을 얻음으로 모르는 것에서 벗어날 수 있습니다. 모르는 것을 알게 되면 자신감이 생기게 됩니다. 알면 무섭지 않아요. 몰라서 두려울 뿐입니다. 모르는 것은 어쩔 수 없지만, 지식을 쌓으면서 점점 자신감이 붙습니다. 지식을 얻고 해법을 얻기 위해서는 시공간적인 종횡 사고를 해야 합니다.

'종'은 시간적인 측면이고, '횡'은 공간적 측면입니다. 가로/세로를 기준으로 지식을 이해하면 원하는 것을 명확히 파악할 수 있습니다. 가로적 사고는 과거에 어떠했는지 배우는 것으로 과거 사람은 무엇을 생각하고 어떻게 살았는지를 파악하고 거기에서 다양한 것들을 배워나갑니다. 이를 위해 과거 사람의 문헌을 통해 배웁니다. 시간은 다르지만, 그들의 생각과 삶의 방식을 배울 수 있습니다. 세로적 사고는 현재 시각 축을 기준으로 세로로 나누어 다른 환경에서 생활하는 사람의 생각과 패턴을 배우는 것입니다. 보통 벤치마킹을 하고, 인터뷰 또는 트렌드 분석을 합니다.

고집을 부리면 실패한다고 하는데, 이 말은 반은 맞고 반은 틀립니다. 될 때까지 계속 노력하면 실패는 없습니다. 회사에서 일을 하다 보면, 안 될 것 같은 일임에도 불구하고 해내는 사례가 많습니다. 다시 말해, 처음부터 안 된다고 생각하면서 뒷짐 지고 있다가, 그 문제가 해결되면 제3자의 입장이 되어 '그냥 같이 참여했다면 좋았을 텐데' 후회하는 것입니다.

무엇이든 난관은 있습니다. 다만 그것을 뛰어넘느냐의 문제일 뿐입니다. 그래서 돌파력이 필요한 것입니다. 큰 장벽 앞에서 어떻게 하면 공략하여 뛰어넘을지, 돌파할지, 우회할지 고민해야 합니다. 이런 고민이 지속된다면 없었던 아이디어도 떠오르고 해결책이 마련됩니다.

'두드리면 열린다'는 말과 같이, 끝까지 최선을 다하고, 끝까지 유지하는 힘을 길러야 합니다. 이렇게 힘을 길러 나갈 때, 우리는 종횡 사고로 돌파하여 성공을 이룰 수 있을 것입니다. 하나님은 문을 안 열어주려고 한 적이 없습니다. 두드리고 열고자 하는 사람에게 문이 열립니다.

실패를 두려워하지 마라

실패를 두려워하지 말아야 합니다. 때때로 우리는 실패를 경험하며 원하지 않는 결과를 얻을 수도 있습니다. 이에 따라 마음이 상하고 기분이 다운되며, 어떤 경우에는 낙심하여 슬럼프에 빠질 수도 있습니다. 우리의 일상에서는 항상 성공만 있는 것이 아닙니다. 많은 실패를 겪었기 때문에 새로운 성공이 가능했던 것입니다. 지금도 실패와 성공을 경험하고 있습니다.

인간은 본능적으로 과거를 돌아보는 능력이 있습니다. 이를 통해 우리의 뇌는 더욱 발전하고, 지식의 영역이 발달하고 확장되었습니다. 위험을 기억하고 미리 준비하는 사람은 살아남아서 현 인류가 되었습니다. 만약 실패를 그냥 넘겼거나 기억하지 않았다면 우리는 살아남지 못했을 것입니다.

건장한 신체만을 믿고 무조건 위험에 도전한 사람이나 인종은 멸종하였고, 실패를 기억하고 리스크를 최소화한 사람이나 인종은 살아남았습니다. 요즘 사회에서는 과거의 생존과 관련된 실패는 거의 없습니다. 우리는 어느 정도 풍요로운 세상에서 살고 있으며, 이에 따라 육체적인 실패보다는 정신적인 실패에 더 노출되어 있습니다.

실패에 대해 두려워하지 말고, 최선을 다해 극복해야 합니다. 실패를 두려워하여 도전하지 않는다면 그것도 문제입니다. 또한 스스로 위축되어 성장이 없는 삶을 살게 될 것입니다. 우리는 끝까지 노력하고 실패와 성공을 함께 경험하면서 성장해야 합니다. 일잘러는 실패 따윈 두려워하지 않는 행동가입니다.

"Museum of Failure"는 스웨덴의 혁신 전문가인 샘윌스트베리(Samuel Westerberg)가 설립한 로스앤젤레스에 위치한 박물관입니다. 이 박물관은 실패한 제품과 서비스, 그리고 실패한 회사들에 대한 전시물을 소개합니다. 이들의 배경과 실패의 원인, 그리고 실패로부터 얻은 교훈을 함께 보여줍니다. 이 박물관은 실패로부터 배우는 가치를 강조하고, 실패에 대해 부끄러워하지 말아야 한다는 메시지를 전달합니다. 전시물로는 실패한 제품들과 마케팅 캠페인들이 포함되어 있습니다. Museum of Failure는 실패와 성공에 대한 새로운 시각을 제공하여 창의성과 혁신을 촉진합니다. 또한 실패를 경험한 사람에게 용기와 지원을 제공하여 새로운 아이디어와 해결책을 모색할 수 있도록 돕습니다. 박물관은 참관객들이 개인적인 실패 경험을 공유하고, 다른 이들과 소통과 협업을 할 수 있는 특별 행사와 워크숍을 주최합니다. Museum of Failure는 실패에 대한 긍정적인 시각을 장려하고, 학습의 기회를 제공하며, 혁신과 창의력을 촉진하며, 사회적인 영향을 기여하는 공간으로서 미국에서 운영하고 있습니다.

실패에 대해 두려워하지 말고,
최선을 다해 극복해야 합니다.

보완

STEP IV.

" **다시 뒤돌아보니 조금 아쉽네** "

과제를 마치고 나면 허무함이 밀려옵니다. 노력을 많이 기울여 수행한 것 같은데, 간결한 보고서와 함께 무형적인 추억만 남게 됩니다. 사실 보고서 한 줄 한 줄 의미를 읽어내는 것이 더 중요하고, 갈등을 해결하기 위해 협력하며 노력한 모든 것이 소중함에도 망각의 시간을 보내고 나면 모든 것이 사라집니다.

따라서 좋은 것은 다시 재사용할 수 있도록 보완해야 합니다. 순환구조를 갖춘 조직과 개인은 반드시 성공하게 되어 있습니다.

4-1
고품질 성과 만들기

진정 훌륭한 것

우수한 품질의 결과물을 얻어야 합니다. 또는 결과물을 재가공하여 좋은 입력으로 활용할 수 있도록 해야 합니다. 정품과 짝퉁은 외관상 구분하기 어렵지만, 시간이 지나면 내구성에 문제가 생깁니다. 따라서 양질의 피드백을 제공하여 시간이 지나도 문제가 없도록 유지하고, 부족한 부분을 개선해야 합니다.

싫어도 피드백 하라

어떤 일을 할 때, 그 일이 끝나고 나면 평가를 받는 것도 중요합니다. 또한 진행 하면서 나오는 이야기도 잘 들어야 합니다. 피드백은 자기 자신에게 할 수도 있으며, 타인에게 할 수도 있습니다. 이 모든 것은 선순환 구조를 위해 필요한 절차입니다.

일기를 쓰는 것은 자신에게 피드백을 받는 좋은 방법입니다. 일상을 돌아보면서 묵상하고 명상하는 것은 성숙한 사람으로 성장하는 과정 그 자체입니다. 가만히 앉아서 진지하게 글을 잘 쓰지 못하는 외향적인 사람이라도, 문득 떠오르는 감정을 잘 살펴보고 필요한 부분을 보완하는 선순환 구조를 만들면 좋습니다.

피드백은 싫어도 해야 합니다. 물론, 하지 않아도 됩니다. 그러나 피드백을 주고받는 과정을 거치지 않으면 다른 사람과의 격차가 커질 수 있습니다. 사회나 학업에서 자신의 삶을 돌아보는 사람은 다른 사람과의 경쟁에서 항상 앞서 나갈 수 있습니다. 이는 선순환 구조를 만들었기 때문입니다. 좋은 입력이 계속되면 결과도 좋을 수밖에 없습니다. 또한, 목표에 맞게 조금씩 처리 방식을 조정한다면 더 명확한 결과를 얻습니다.

요즘은 피드백이 없는 것 같습니다. 기업문화도 많이 바뀐 것 같습니다. 정보가 넘치다 보니 굳이 모여서 리뷰하고 토론하는 절차를 안 하고 있습니다. 이 부분이 현실적 문제의 원인일 수 있습니다. 피드백을 해주면 싫어하는 젊은 세대가 많습니다. 피드백을 욕먹는 걸로 이해하는 것 같아서 안타깝기도 합니다. 피드백은 오히려 돈을 줘서라도 요청해서 받아야 합니다. 제3자로부터 평가받아서 부족한 부분을 알아야 합니다.

커플이 되기 위해 미혼 남녀가 나와서 5일간 생활을 하는 TV 예능 프로그램을 가끔 보게 되는데 출연자 행동에 불편한 장면을 볼 때가 있습니다. 출연자는 나름대로 잘 준비하고 조심해서 촬영한다고 하지만, 대화하거나 생활하면서 눈살을 짓뿌리는 꼴불견이 있기도 합니다. 6개월 후 본 방송에서 자기 행동을 보면서 많이 반성하고 배울 것으로 생각합니다. 사실 관점을 바꾸어서 본인의 모습을 시청자의 입장에서 바라본다면 다소 충격적일 것입니다. 오히려 부족한 부분을 바꿀 좋은 기회라는 생각도 들게 됩니다.

총알은 앞으로만 나가야 합니다. 동료를 위협하지 않기 위해서입니다. 총알이 절대로 옆이나 뒤로 날아가면 안 됩니다. 앞에 있는 목표를 정확하게 맞추도록 해야 합니다. 조금씩 총구를 조정하며 점점 목표를 향해 맞춰야 합니다. 피드백은 이러한 부분을 제대로 수행할 수 있도록 도와주며, 항상 목표 지향적으로 행동할 수 있는 선순환 구조를 만들어 줍니다.

철저하게 점검하라

진행 내용을 점검하는 것은 매우 중요합니다. PDCA 프로세스(Plan(계획), Do(실행), Check(점검), Act(조치)) 기본 원칙 중 Check 단계에 해당하며, 진행 상황을 목표에 맞게 진행되었는지 점검합니다.

바쁘다는 핑계로 일단 진행하고서 나중에 개선하는 경우에는 그 비용이 크게 들 수 있기 때문에 일정한 간격을 두고 되짚어서 다시 점검하는 것이 좋습니다. 풀리지 않고 고민 중이던 부분이 일정 시간 이후 다시 돌아봤을 때 갑자기 해법이 떠오르는 경험을 할 수 있습니다.

　숙성의 시간이 필요합니다. 지금 안 보였던 이슈가 시간이 흐르면서 몇 가지 변수와 만나면서 나타나기도 하고, 또한 풀리지 않던 문제가 역시 어떤 변수를 만나면서 눈 녹듯 풀리는 사례가 있습니다. 당장 문제를 해결하려고 하지 말고 한 번 용기를 내어 방치하는 것도 방법입니다. 자연치유의 기적이 일어나기도 합니다.

　내가 무엇을 해서 문제가 풀리는 것이 아니라, 상황의 변화로 문제가 풀려버리는 경우가 많습니다. 자리를 지키고 버티다 보면, 자신도 모르게 풀리는 자연치유의 기적을 느낄 수 있습니다. 가뭄 때 아무리 바가지로 물을 퍼서 마른 논/밭에 충분히 물을 공급할 수 없으나, 하늘에서 비가 오게 되면 금방 해결됩니다. 또한, 우공이산 정신으로 흙을 조금씩 옮기는 일을 한다고 해서 산을 금방 옮기는 것이 아니나, 나라 정책이 바뀌어 도로가 뚫리게 되면 문제는 금방 사라지게 됩니다. 숙성의 시간이 필요합니다.

진짜 공부는 산책하면서 하는 것입니다. 풀리지 않은 문제를 고민하면서 산책하다 보면, 손과 발이 움직이면서 뇌 기능도 활성화되어 좋은 아이디어가 생깁니다. 쉼을 통해 더 많은 생산성을 가져올 수 있습니다. 책상에 매몰되어 고민하다 보면 사고의 폭이 좁아집니다. 쉬면서 시야를 넓히게 되면 평소에 생각지 못했던 인사이트를 느낄 수 있습니다.

차 마시는 시간을 갖거나 소규모로 담소를 나누거나 산책하는 등, 잠시 복잡한 고민에서 벗어나서 다른 마음으로 바라보면 문제가 해결되는 경우가 많습니다. 더 꼼꼼하게 점검할수록 품질은 향상됩니다. 일잘러는 품질을 높이기 위해 다양한 방법으로 고민하고 끝까지 챙기는 의지를 갖고 있습니다.

성과의 질을 높여라

어떤 문제를 해결하거나 목적을 달성하기 위해 실행을 하면 생각보다 수월하게 잘 풀리는 경험이 있습니다. 한번 생각해 봐야 할 부분은 완성도를 궁극적으로 높여야 합니다. 어떻게 해서 결과물이 나왔다고 하더라도 지속적인 좋은 결과를 얻는 노력을 해야 합니다. 모방은 비교적 쉽지만, 새로운 것을 만드는 것은 더 큰 노력이 필요합니다. 소비자는 완성도가 높은 제품에 비용을 지불합니다. 따라서 기본적인 수준으로 끝내는 것보다는 프리미엄 품질을 제공해야 합니다.

처음에는 기본적인 부분에 집중하여 일을 마무리하는 것에 만족을 느낄 수 있습니다. 그러나 다음에 도전할 때는 완성도를 높이기 위해 스킬을 더욱 향상하고 세밀하게 수행해야 합니다. 한 번 일을 마무리하면 자신감이 생기고 두려움이 사라지지만, 자만하지 말고 지속해서 완성도를 향상하도록 해야 합니다.

저는 스포츠를 잘 하지 못하는 편입니다. 그 이유를 생각해 보니 끈질긴 승리욕이 부족했기 때문입니다. 다른 사람과 함께 운동하며 스트레스를 푸는 것에 만족하고 시간을 함께 보내는 것을 좋아했습니다. 실력이 뛰어난 사람은 경쟁에서 승리하기 위해 고민과 꾸준한 연습을 했는데, 저는 그런 마음가짐을 갖지 못했던 것 같습니다. 지금 생각해 보면 실력이 뛰어난 친구들은 결과물의 완성도를 높였던 것입니다. 명품과 짝퉁의 차이는 재질도 다르지만, 핵심은 마무리가 다릅니다. 겉모양은 비슷해도 내부 마감 품질에 차이가 납니다. 결국 내구성의 문제로 흐르게 됩니다.

학습 곡선을 보면, 어느 정도까지는 어려움 없이 배울 수 있습니다. 즉, 90%까지는 무난하게 배우고 알게 되지만 완벽하게 이해하거나 완전히 마무리하기 위해서는 마지막 10% 또는 5%의 고비를 넘어야 합니다. 이 구간에서는 투입된 시간과 노력이 의외로 많이 들어갑니다. 성질이 급하고 끈기가 없는 사람은 빠른 성과가 나타나지 않아 지쳐서 포기하게 되는 경우가 많습니다.

어떤 일을 수행할 때 한두 번의 성공을 통해 재미를 느꼈다면, 완성도를 높이기 위해 보완하고 개선할 부분을 찾아 연구하여 더 좋은 결과물을 끌어내야 합니다. 시작을 잘하는 것도 중요하지만, 끝까지 완성하고 성공적으로 마무리하는 것이 더욱 중요할 수 있습니다.

일잘러는 반복적으로 수행하여 습관화합니다. 습관화된 수행 능력은 자신의 역량을 향상하는 핵심 요소입니다. 한 번 혹은 두 번 어렵게 수행했다고 해서 만족하지 않고, 하기 싫은 일도 반복적으로 수행하여 습관화하면 일은 어렵게 느껴지지 않습니다.

일을 회피하거나 접근하는 것은 모두 습관에 관련된 문제입니다. 회피하는 습관이 아닌 접근하는 습관을 갖고 더 많은 기회를 얻을 수 있기를 바랍니다.

● ● ●

부족했던 것에 집중해라

만약 어려움을 겪은 곳이 있다면, 그곳에서 왜 어려웠는지 확인하는 것이 중요합니다. 문제점이 발생한 장소, 시간, 사람, 상황에서 해결책을 찾아야 합니다. 현장 점검을 하면 문제를 반드시 해결할 수 있습니다. 대부분은 현장에 집중하지 않기 때문에 문제 해결이 늦어지게 됩니다.

힘들었던 기억이 있더라도 회피하지 말고, 적극적으로 연습해서 다음에서는 집중해서 문제를 풀 수 있도록 해야 합니다. 아무리 어려운 부분이라도 훈련을 거치면 익숙해지며, 별다른 노력 없이도 넉넉하게 해결할 수 있습니다. 그러므로 부족한 점을 발견한 것을 나쁘게 생각할 필요가 없습니다. 모르고 넘어갈 수 있었던 것을 알게 되었으니, 감사하며 부족한 부분을 채우면 됩니다.

몸에 불편한 부분이 있으면 건강의 이상 신호입니다. 불편이 지속되면 치료해야 합니다. 예를 들면, 걷거나 뛰는 데 불편한 무릎이나 발목, 발바닥에 통증이 있다면 운동강도를 낮추거나 신발을 바꾸거나 운동 하기 전에 스트레칭하는 등 개선 해보고 통증이 계속되면 의료기관에서 진료받아야 합니다.

세상의 모든 일은 집중해서 관리하면 웬만한 것은 잘 처리할 수 있습니다. 세상의 일은 마음먹기 나름입니다. 어떤 일이 힘들더라도 끝까지 해보겠다는 신념이 중요합니다. 그 신념이 열등감에서 시작되었더라도 괜찮고, 우월감을 유지하기 위해서라도 괜찮습니다. 어찌 되었든 지속해서 익숙해지는 과정을 거치면 됩니다.

부족한 부분을 만났다면 익숙해질 때까지 반복하는 것이 좋습니다. 반복을 통해 익숙해지면 더 나은 결과를 얻을 수 있습니다. 어려움을 겪는 것은 자연스러운 일이며, 그것을 극복하고 성장하기 위해서는 지속적인 노력과 반복이 필요합니다.

부족한 점을 알고, 반복하며 익숙해지는 과정을 거치면 단점을 극복하고 더 나은 성과를 이룰 수 있습니다. 반복하는 것은 쉽지 않은데, 결론적으로 말하면, 결국 습관이 되어야 합니다. 습관화되면 에너지를 사용하지 않습니다. 우리가 인지하지 못하는 순간에 몸이 기억하고 반복합니다. 습관을 통해 실행의 거부감을 극복할 수 있습니다.

장점이 뚜렷하게 알고 있나요? 더욱더 강화하는 것이 좋습니다. 단점을 개선하는 것보다 더 중요합니다.

4-2
지속할 힘 키우기

반복의 힘

멈춤 없는 실행은 한 번 해서 완성되는 것이 아닙니다. 그것을 능숙하게 할 수 있도록 여러 번 반복해야 합니다. 지속해서 될 때까지 처리할 수 있는 능력을 키워야 합니다.

일근육 : 손과 발이 기억하게 하라

운동을 하면서도 원하는 만큼 근육이 생기지 않는다거나 다이어트를 하면서도 살이 빠지지 않는다는 것, 또는 일을 하면서도 실력이 늘지 않는다는 것은 방법에 문제가 있다는 의미입니다. 이러한 모든 문제를 제대로 해결하기 위해서는 올바른 방법과 접근법이 필요합니다.

근육에는 지근과 속근이라는 두 가지 유형이 있습니다. 지근은 오랜 시간 동안 지속해서 할 수 있는 운동 능력을 말하며,

산책과 같은 운동이 여기에 해당합니다. 반면에 속근은 힘을 빼고 빠르게 움직일 수 있는 운동 능력을 의미하며, 달리기나 자전거 타기와 같은 운동이 여기에 해당합니다. 일 역시도 빠르게 처리해야 하는 부분과 오랜 기간 동안 정성을 들여야 하는 부분이 있습니다. 근육은 사용할수록 더욱 단단하고 튼튼해집니다.

동료와 함께 일을 했다면 자신이 했다고 인정하기는 어렵습니다. 직접 참여하지 않았다면 실제로 일을 한 것은 아니기 때문입니다. 협업이라는 개념에는 애매모호함이 존재합니다.

실력을 향상하기 위해서는 직접적으로 참여하는 것이 중요합니다. 다른 사람에게 의존하지 말고 직접 일에 참여해야 합니다. 직접 일을 해야만 필요한 근육과 능력이 발달합니다. 실력 있는 사람은 자신감을 가지고 일을 수행할 수 있으며, 힘들어도 이겨낼 수 있습니다. 다양한 핑계와 변명에 빠지지 말고 일을 진행함으로써 미궁에서 벗어날 수 있습니다.

끝까지 해보세요.

다른 사람의 의견에 상관없이 시도해 보세요. 그리고 그 과정에서 어떤 성과를 얻었는지 평가해 보세요. 평가가 없다면 성과도 없다는 것을 명심해야 합니다. (어떤 전략을 사용하든 부족한 점이 있더라도 칭찬하는 방법도 있지만,) 모호한 기준으로 좋은 부분만을 보게 된다면 성과보다는 큰 실패를 만날 수 있습니다.

지금 주변으로부터 평가를 받는 불편함이 있다면 좋은 성과를 만들고 있다고 생각해야 합니다. 평가를 통해 결과를 분석하여 잘한 부분을 더욱 잘하고 부족한 부분을 세심하게 살펴 개선해야만 지속해서 발전할 수 있습니다.

철저히 반성하고 개선하라

보완 작업을 통해 개선하기 위해서는 목표를 명확히 정해야 합니다. 신세 한탄은 피드백이 아닙니다. 부정적인 생각이 들 수도 있지만, 그런데도 긍정적인 마음가짐을 유지하는 것이 중요합니다. 결국 성공한 사람과 성취한 사람은 모두 긍정적인 사고를 갖고 있습니다.

피드백을 받을 때나 주는 경우에는 반드시 긍정적인 메시지를 전달해야 합니다. 또한 자기반성 할 때에는 마음을 다잡고 생각을 정리하는 것이 필요합니다. 어떤 상황에서도 부정적인 생각이 의식을 지배하지 않도록 철저히 관리해야 합니다. 부정적인 마음가짐이 안전한 선택을 하는데 도움이 될 것으로 여길 수 있지만, 긍정적이고 도전적이며 적극적인 사람이 더 많은 경험과 성과를 이룰 수 있다는 점을 생각해야 합니다. 어떤 상황에서도 긍정적인 마음가짐을 잃어서는 안 됩니다.

신뢰는 변화하는 모습을 통해 확인될 수 있습니다. 자신에 대한 신뢰는 자신감으로 나타나며, 타인에게 신뢰를 주기 위해서는 변화된 삶의 모습이나 업무 성과를 보여 주어야 합니다.

모든 사람은 일이 잘 되길 원하고 퇴보하는 것을 원하지 않습니다. 그래서 다른 사람의 성과에 박수를 보내고, 항상 혁신적인 기업을 칭찬해야 합니다. 주변에 일잘러가 있다면 시기하기보다는 같이 업무를 하면서 일잘러가 되기 위한 준비와 실천해야 합니다.

실력이 있고 성과를 이룬 사람이 보상받는 것이 세상의 법칙입니다. 자기반성은 항상 더 나은 성과를 이루게 합니다. 철저히 반성하고 개선하세요.

실전처럼 연습하라

피드백을 받아 부족한 부분을 개선하는 방법에 대해 알아보겠습니다. 실행을 원활하게 하기 위해서는 평소의 연습과 훈련이 중요하고 필요합니다. 다만, 연습과 훈련이 올바르게 수행되지 않으면 그 효과를 보기 어렵습니다.

연습은 다양한 상황을 고려하여 진행하는 것이 좋습니다. 실전처럼 어려운 상황을 설정하고 연습하는 것이 중요합니다. 쉽게 연습하고 약간씩 고치면서 힘들지 않게 피드백할 수 있지만, 의도된 힘든 연습으로 실전에서의 수월함을 얻을 수 있도록 노력해야 합니다. 물론 가벼운 연습으로 몸풀기한다는 말도 있지만, 그래도 연습의 강도를 높이고 올바르게 수행하도록 노력해야 합니다.

목적을 가지고 연습해야 합니다. 연습을 지속하기 위해서는 목적이 명확해야 합니다. 부족한 부분을 개선하고 더 나은 결과를 얻기 위해 목적을 잊지 말아야 합니다. 따라서 올바른 실행을 위해서 의도적으로 어려운 연습을 하고 끝까지 해내도록 해야 합니다. 완벽하지 않은 인간 사회에서 부족한 부분을 보완하는 활동은 필수적입니다.

연습은 자연스럽지 않은 것을 자연스럽게 하는 것입니다. 습관 A를 습관 B로 바꾸는 것입니다. 습관은 오랜 기간 동안 반복하면서 형성되는 행동 양식입니다. 좋은 습관은 삶을 더 풍요롭게 만들어줍니다. 새로운 목표를 설정하고 성장하기 위해서는 기존 삶의 변화가 필요합니다. 기존 습관과 상충하게 됩니다. 습관을 바꾸는 것은 힘들고 어색하여 거부감을 느끼게 됩니다. 한두 번 성공했다고 습관 되지 않습니다. 꾸준한 피드백을 통해 보완할 부분을 지속해서 개선해야 합니다.

　보완하고 연습할 시간을 갖는 것은 행복한 일입니다. 부족한 부분을 인식하고 개선하며 발전할 기회는 소중한 것입니다. 금리의 높고 낮음이 아니라 시간을 활용하여 복리로 돈을 늘리는 것이 중요한 것처럼, 연습도 오랜 기간 동안 해야 합니다. 피드백을 받으며 개선을 위해 준비하고 실행할 수 있다는 것은 성장과 발전에 있어 매우 기쁜 일입니다. 이를 통해 더 나은 자신을 만들어 나갈 수 있습니다.

끝까지 독해져라

보완 작업은 대충 해서는 안 됩니다. 냉정하고 냉철하게 자기를 반성하고, 개선에 대한 강한 의지를 가져야 합니다. 단호하고 빠르게 보완해야 합니다.

보완 과정은 당연히 불편함을 동반합니다. 자신의 부족한 점을 드러내는 일로서, 하기 싫은 일 중 하나입니다. 하지만 선순환 구조를 만들기 위해서는 품질 좋은 튜닝 값을 지속해서 입력으로 보내야 합니다. 최근 주목받고 있는 인공지능 기계학습의 핵심은 완벽한 로직이 아니라 목푯값을 설정하고 계속해서 입력값을 변화시켜 좋은 결과를 얻는 안정적인 입력값을 찾는 것입니다. 사람의 판단 능력과 유사하게 동작하며, 학습된 규칙에 따라 판단하고 행동합니다. 단순한 단방향의 절차를 거쳐서 결론이 나오는 것이 아닙니다. 입력-출력 순환구조를 통해 설정된 목표를 달성하기 위해 여러 가지 변수를 조정하듯이, 지속적인 학습과 실천을 통해 원하는 것을 얻을 수 있도록 노력해야 합니다.

앞에서 언급했지만, 독하게 마음을 먹고 새롭게 보완하는 작업을 집중적으로 반복해야 합니다. 경험이 축적되게 되면 어느 순간 노력 없이도 원하는 결과를 얻을 수 있습니다. 즉, 축적의 힘인데요, 경험과 지식이 시간이 지나면서 점점 많이 축적되어 어느 임계점에 돌파하여 새로운 돌파구를 만들어 줍니다.

보완 작업을 철저히 진행해야 합니다. 튜닝을 어떻게 수행하느냐에 따라 성과가 달라집니다. 효과적인 보완을 위해서는 일이 끝나면 바로 리뷰하고 피드백해야 합니다. 대규모 프로젝트의 경우는 백서도 만들고 협동 리뷰를 통해 개선되도록 튜닝해야 합니다. 일잘러는 시작뿐만 아니라 마무리도 깔끔합니다.

일이 끝난 후 무언가 정리해야 하는 귀찮음을 이겨내고 기록을 남기고 리뷰하는 것은 성공적인 실행을 위한 거름이 됩니다.

보완하고 감사하라

보완 작업은 의무적으로 수행하는 것이 아니라, 개인의 성장과 발전을 위해 필수적인 활동입니다. 보완을 진행할 때는 목적과 의미를 명확하게 이해하고 실행해야 합니다.

힘을 축적해야 합니다. 성과가 좋게 나타난 부분은 축하하고 감사의 마음을 표현하는 것이 좋습니다. 수행한 과제에서 부족한 부분만을 강조하는 것이 아니라 충분히 성과가 있는 부분도 같이 나누어야 합니다. 부족한 점을 찾아 개선하는 노력만 하지 말고, 잘한 부분을 인정하고 이해관계자와 공유하는 것이 중요합니다.

작은 이벤트를 통해 감사의 마음을 전할 수도 있습니다. 예를 들어, 프로젝트를 성공적으로 수행하여 관련 부서에 떡과 같은 간식을 나누거나, 고객에게 감사를 표하는 등 다양한 방식이 있습니다. 잘한 점을 칭찬하고 축하하는 것은 새로운 시작을 준비하는 첫 단계입니다. 개인적으로도 잘 끝나거나 좋게 시작하는 부분이 있다면 스스로 축하하고 인정해 주고, 주변 사람과 나누는 것이 좋습니다. 이를 통해 다음 과제에 집중하고 더 나은 성과를 위해 세밀하게 준비할 수 있을 것입니다.

또한, 보완할 내용이 없다고 생각되더라도 자기 습관, 태도, 지식 등을 점검하고 개선하는 노력을 계속해야 합니다. 소프트 스킬을 향상해 업무에 대한 자세를 단단하게 유지해야 합니다.

보완을 위해서는 긍정적인 마인드셋을 가지는 것이 중요합니다. 자신의 부족한 점을 인정하고, 그것을 개선하기 위해 노력하는 자세가 필요합니다. 겸손한 마음으로 부정적인 생각에 사로잡히지 않고, 긍정적인 목표와 이상을 가지고 보완에 임해야 합니다.

보완할 때는 목표와 방향성을 명확하게 설정해야 합니다. 어떤 부분을 보완하고자 하는지 명확히 인식하고, 그에 따른 계획과 실행 전략을 세워야 합니다. 목표를 향해 지속해서 노력하고, 보완을 위한 적절한 시간과 노력을 투자해야 좋은 결과를 얻을 수 있습니다.

뚜렷한 목표와 방향성이 없다면, 자신의 스킬을 키워야 합니다. 예를 들면, 엑셀이 조금 더 능숙해지면 더 좋은 직장을 얻을 수 있고, 직장 내에서 맡은 일을 놓치지 않고 조금 더 꼼꼼하게 일 처리하면 월급이 오를 수밖에 없습니다. 오히려 작은 기업에서 효과가 더 크게 나타납니다. 대기업은 열심히 일해도 알아주지 않는 경우가 많습니다. 대기업과 중소기업에는 일장일단이 있는데 결론은 '지금 하는 행동이 나에게 이로운 일인가'를 항상 생각하면서 꾸준히 보완해야 합니다.

보완은 단순히 문제점을 해결하는 것이 아니라 성장과 발전을 위한 활동으로 여겨야 합니다. 보완을 통해 얻는 성취감과 만족감은 우리를 더 행복하고 충실한 삶으로 이끌어줄 것입니다.

맺음말

멈춤 없는 실행력으로 돌파하라

매일 반복되는 직장생활에서 아무도 도와주지 않을 것 같고, 일은 계속 쌓여가고, 실수하지 않을까 확인 또 확인하는 모습, 무엇을 먼저 해야 할지 몰라서 고민하는 등 너무나 많은 걱정으로 한 발짝도 못 움직이고 있습니다. 이 사람, 저 사람 눈치를 보는 사회적 두려움에서 빠져나오고, 떨쳐 버리고 자신감을 회복하길 바랍니다.

자신감은 그저 가질 수 있는 것이 아닙니다. 경험과 지식이 쌓여야 힘이 됩니다. 예를 들어, 1억을 모으겠다고 가정하고 매월 50만 원씩 저축한다고 하면, 1년에 600만 원이 되어 산술적으로 16년이 걸립니다. 이렇게 계산해버리면 시작할 엄두가 나지 않습니다. 하지만 1년하고 2년 지나면 1,200만 원입니다. 4년 정도 모으면 2,500만 원 정도 됩니다. 금액이 쌓이다 보면 당신은 무언가를 얻을 수 있을 것 같은 느낌이 옵니다.

필자는 이것을 마라톤에서 느끼는 러너스 하이와 같다고 생각하는데요, 돈을 모으는 재미가 생기는 시점에 도달하면 점점 재미가 느껴집니다. 소비를 줄이고 저축하는 힘이 생기니, 1억을 벌 수 있는 여러 가지 방법이 생각나기 시작합니다. 이런 카타르시스를 느낄 수 있기까지 참아야 하고 포기하지 않고 수고하는 기간이 필요합니다.

업무도 마찬가지입니다. 수많은 매뉴얼을 어떻게 이해하고, 모르는 용어가 태반인데 언제 사수(고참)처럼 할 수 있을까? 고민하고 또한 일을 배우면서 일 못한다거나, 이해 못 한다는 편잔을 듣다 보면 심각한 현실을 깨닫게 됩니다. 이러다 보면 현실에서 도피하고자 하는 마음이 들기도 합니다.

앞에서 언급한 것처럼 어떤 분야이든 활용하는 용어를 이해하는 것이 매우 중요합니다. 낯설고 외우기 힘듭니다. 그런데 여러 번 작업을 하다 보면, 용어가 익숙해지게 됩니다. 이상하게도 용어가 익숙해지니 고참의 말이 들리기 시작합니다. 매뉴얼 이해에는 독해력이 아니라 문해력이 필요합니다. 행간을 이해하여 일을 하나씩 해결하니, 갑자기 고참의 잔소리가 안 들리기 시작하고, 오히려 가끔 칭찬도 들려옵니다. 이 부분이 러너스 하이(행복감) 구간입니다.

긴장이 풀리니 여유 있게 업무하면서 응용력이 생기고 창의적인 아이디어도 나오게 됩니다.

누가 뭐라고 하든 밀고 나가야 합니다. 일할 수 있고, 비록 가다가 되돌아오더라도 지속해서 전진해야 합니다. 무조건적인 인내를 요구하지 않지만, 씨를 뿌리고 발아되어 싹이 나올 때까지는 절대적인 시간이 필요합니다. 절대적 시간이 필요하다는 부분을 완전히 인정해야 합니다.

'스포트라이트 효과'는 인지심리학에서 자주 인용됩니다. 핵심은 '아무도 나에게 관심을 두지 않는다.' 입니다. 자신이 엄청 어려운 프로젝트를 무사히 마친 후 마음이 뿌듯해서 조직에서 인정받을 것으로 생각했지만, 나중에 연말 평가에서 생각보다 더 인정받지 못하면 실망하는 경우가 있습니다. "너무한 거 아니야! 왜 나의 성과를 알아주지 않는 걸까?!" 불만을 토로하게 됩니다.

하나만 기억하세요. 남들은 오로지 자기들 자신에게만 관심이 있어서 당신의 일에 관심이 없다는 것입니다. 참으로 억울하지만, 반대로 생각해 보면 내가 무슨 실수를 저질러도 큰 걱정을 하지 않아도 된다는 뜻입니다. 설령 진행하다가 포기하더라도 창피한 일이 아니라는 것입니다. 막연한 두려움, 타인의 시선을 의식하지 마세요. 동료, 친구, 주변 사람은 자기 일이 바빠서 당신을 돌아보면서 비판할 시간이 없습니다. 스스로 스포트라이트를 받으려 하지 말고, 묵묵히 하고 싶은 일, 해야 하는 일에 멈춤 없이 실행하시기를 바랍니다.

지금 하는 결정으로 미래의 자신에게 미안해하는 일을 하지 마세요. 필요 이상으로 고민하면서 실행하지 않고, 꾸준히 실천하지 않아서 발생하는 모든 일에 책임을 져야 합니다.

오늘부터 1일입니다. 실천을 통해 문제를 과감히 돌파하고 해결하는 실행력을 갖추길 응원합니다.

멈춤 없는 실행력

초판 1쇄 발행 | 2025년 7월 21일

지은이 | 이봉우
펴낸이 | 김지연
펴낸곳 | 마음세상

출판등록 | 제406-2011-000024호 (2011년 3월 7일)

외주편집 | 김주섭

ISBN | 979-11-5636-629-4(03190)

ⓒ이봉우

원고투고 | maumsesang2@nate.com
블로그 | blog.naver.com/maumsesang

* 값 17,800원